Angela Luft

***

Die Limited im Wettbewerb zur GmbH

www.salzwasserverlag.de

Luft, Angela

Die Limited im Wettbewerb zur GmbH

Ein unfassender Ratgeber für Unternehmer

Band 7 der Reihe: Die Limited in Deutschland

1. Auflage 2006

ISBN-13: 978-3-937686-86-8

ISBN-10: 3-937686-86-X

Nachdruck, auch auszugsweise, nur mit schriftlicher Genehmigung des Verlags

© CT Salzwasser-Verlag GmbH & Co. KG, Bremen/Hamburg, 2006 (www.salzwasserverlag.de)

Druck und Herstellung: Hohnholt Reprografischer Betrieb GmbH, Bremen (www.hohnholt.com)

Dieser Titel unterliegt dem Gesetz zur Regelung der Preisbindung von Verlagserzeugnissen (BGBl. I Nr. 63 vom 5. September 2002)

Die Deutsche Bibliothek verzeichnet diesen Titel in der Deutschen Nationalbibliografie. Bibliografische Daten sind unter http://dnb.ddb.de verfügbar.

Salzwasser Verlag

INHALTSVERZEICHNIS

ABBILDUNGSVERZEICHNIS

ABKÜRZUNGSVERZEICHNIS

AG	Aktiengesellschaft; Die Aktiengesellschaft (Zeit-schrift)
AktG	Aktiengesetz
AmtsG	Amtsgericht
AO	Abgabenordnung
Az.	Aktenzeichen
BB	Betriebs-Berater (Zeitschrift)
BetrVG	Betriebsverfassungsgesetz
BewG	Bewertungsgesetz
BGB	Bürgerliches Gesetzbuch
BGH	Bundesgerichtshof
BReg	Bundesregierung
CA	Companies Act 1985
CDDA	Company Directors Disqualification Act 1986
Ch.	Chapter (engl., Kapitel)
D	Deutschland
DB	Der Betrieb (Zeitschrift)
DBA	Doppelbesteuerungsabkommen
DNotZ	Deutsche Notar-Zeitschrift
DrittelbG	Drittelbeteiligungsgesetz
DStR	Deutsches Steuerrecht (Zeitschrift)
DZWIRrecht	Deutsche Zeitschrift für Wirtschaft- und Insolvenz-
EG	Europäische Gemeinschaft
EGBGB	Einführungsgesetz zum Bürgerlichen Gesetzbuch
ErbStG	Erbschaftsteuergesetz
erw.	erweiterte
EStDV	Erbschaftsteuer-Durchführungsverordnung
EStG	Einkommensteuergesetz
EU	Europäische Union

EuGH	Europäischer Gerichtshof; Gerichtshof der Europäischen Gemeinschaften
EuGVVO	Verordnung (EG) Nr. 44/2001 des Rates vom 22.12.00 über die gerichtliche Zuständigkeit und die Anerkennung und Vollstreckung von Entscheidungen in Zivil- und Handelssachen
EuInsVO	Europäische Insolvenzverordnung
EWS schrift)	Europäisches Wirtschafts- und Steuerrecht (Zeit-
f.	folgende
FAZ	Frankfurter Allgemeine Zeitung
FGG	Gesetz über die Angelegenheiten der freiwilligen Gerichtsbarkeit
GAAP	Generelly Accepted Accounting Principles
GB	Great Britain (engl., Großbritannien)
GbR	Gesellschaft bürgerlichen Rechts (BGB-Gesellschaft)
gem.	gemäß
GewStG	Gewerbesteuergesetz
GewStR	Gewerbesteuerrichtlinien
GG	Grundgesetz für die Bundesrepublik Deutschland
GmbH	Gesellschaft mit beschränkter Haftung
GmbHG	Gesetz betreffend die Gesellschaften mit beschränkter Haftung
GmbHR	GmbH-Rundschau (Zeitschrift)
GmbHStB	Der GmbH-Steuer-Berater (Zeitschrift)
GStB	Gestaltende Steuerberatung (Zeitschrift)
HB	Handelsblatt
HGB	Handelsgesetzbuch
i. Gr.	in Gründung
IA	Insolvency Act 1986
IAS	International Accounting Standards
IFRS	International Financial Reporting Standards
INF schrift)	Die Information über Steuer und Wirtschaft (Zeit-
InsO	Insolvenzordnung
IPrax rechts	Praxis des Internationalen Privat- und Verfahrens-

IStR	Internationales Steuerrecht (Zeitschrift)
IWB	Internationale Wirtschafts-Briefe (Zeitschrift)
KapCoRiLiG	Kapitalgesellschaften- & Co. Richtlinien-Gesetz
KG	Kommanditgesellschaft
KöSDi	Kölner Steuerdialog (Zeitschrift)
KostO	Kostenordnung
KStG	Körperschaftsteuergesetz
Ltd.; Limited	private company limited by shares
m. w. N.	mit weiteren Nachweisen
MDR	Monatsschrift für deutsches Recht
MindestKapG	Entwurf eines Gesetzes zur Neuregelung des Mindestkapitals der GmbH
MitbestG	Gesetz über die Mitbestimmung der Arbeitnehmer [Mitbestimmungsgesetz]
Montan-MitBestErgG	Gesetz zur Ergänzung des Gesetzes über die Mitbestimmung der Arbeitnehmer in den Aufsichtsräten und Vorständen der Unternehmen des Bergbaus und der Eisen und Stahl erzeugenden Industrie [Montan-Mitbestimmungsergänzungsgesetz]
Montan-MitbestG	Gesetz über die Mitbestimmung der Arbeitnehmer in den Aufsichtsräten und Vorständen der Unternehmen des Bergbaus und der Eisen und Stahl erzeugenden Industrie [Montan-Mitbestimmungsgesetz]
neubearb.	neubearbeitete
NJW	Neue Juristische Wochenschrift (Zeitschrift)
NWB	Neue Wirtschaftsbriefe (Zeitschrift)
NZG	Neue Zeitschrift für Gesellschaftsrecht
o. S.	ohne Seite
PLC	public company limited by shares
reg.	register (engl., Register)
RIW	Recht der internationalen Wirtschaft (Zeitschrift)
Sec.	Section
SolZG	Solidaritätszuschlaggesetz
StB	Der Steuerberater (Zeitschrift)

SteuerStud	Steuer & Studium (Zeitschrift)
StGB	Strafgesetzbuch
UK; U.K.	United Kingdom (engl., Vereinigte Königreich)
UmwG	Umwandlungsgesetz
UmwStG	Umwandlungssteuergesetz
Unterabs.	Unterabsatz
UStG	Umsatzsteuergesetz
UStR	Umsatzsteuerrichtlinien
WPg	Die Wirtschaftsprüfung (Zeitschrift)
ZErb	Zeitschrift für die Steuer- und Erbrechtspraxis
ZGR	Zeitschrift für Unternehmens- und Gesellschaftsrecht
ZHR	Zeitschrift für das gesamte Handels- und Wirtschaftsrecht
ZInsO	Zeitschrift für das gesamte Insolvenzrecht
ZIP	Zeitschrift für Wirtschaftsrecht
ZPO	Zivilprozessordnung
ZVglRWiss	Zeitschrift für Vergleichende Rechtswissenschaft

1 EINLEITUNG

Die Gesellschaft mit beschränkter Haftung (GmbH) ist die am meisten verbreitete und bei Unternehmensgründungen bevorzugte Gesellschaftsform in Deutschland.[1] Insbesondere der Mittelstand profitiert von den Vorteilen der Haftungsbeschränkung und dem hohen Formalisierungsgrad der Gesellschaft. Allerdings wirkt sich die bestehende Mindestkapitalausstattungspflicht von 25.000 € für einige Existenzgründer nachteilig aus, da sie oftmals eine unüberwindbare Hürde darstellt. Dieser und noch weitere Gründe – wie z. B. die Bestimmungen des deutschen Steuerrechts – führen zu einer verstärkten Suche nach alternativen Rechtsformen, welche neben der Haftungsbeschränkung zusätzlich über flexiblere Gestaltungsmöglichkeiten verfügen.

Durch seine jüngsten Rechtsprechungen zur Niederlassungsfreiheit von Gesellschaften hat der Europäische Gerichtshof (EuGH) die Internationalisierung des Gesellschaftsrechts weiter vorangetrieben. Demnach sind beispielsweise Kapitalgesellschaften, die nach dem Recht eines EU-Mitgliedsstaates gegründet wurden, in allen anderen Mitgliedsstaaten als solche anzuerkennen, auch wenn sich deren Sitz weiterhin im Ausland befindet.

Die Erweiterung des Spektrums der zur Verfügung stehenden Rechtsformen hat zu einem verschärften Wettbewerb der Gesellschaftsformen innerhalb der Europäischen Union (EU) geführt. Zukünftig hat ein deutscher Gründer anstelle der klassischen deutschen Rechtsform die Wahlmöglichkeit zwischen 25 vergleichbaren europäischen Gesellschaften sowie zahlreicher gesellschaftsrechtlicher Mischformen, wie z. B. die der ausländischen Kapitalgesellschaft & Co. KG. Dies eröffnet einem mittelständischen Unternehmer vielfältige Gestaltungsmöglichkeiten, welche mit erheblichen Chancen, aber auch Risiken verbunden sein können.

---

[1]   Vgl. KORNBLUM (2006).

Die englische *private company limited by shares* (Ltd.) liegt im Wettbewerb der europäischen Rechtsformen in jüngster Zeit vor der deutschen GmbH und den anderen europäischen Gesellschaftsformen. Damit stellt sich vermehrt die Frage, worin die Vor- und Nachteile dieser Gesellschaftsform im Vergleich zur GmbH liegen. Erst nach einer Gesamtbetrachtung der wesentlichen Unterschiede beider Gesellschaftsformen und deren Konsequenzen lässt sich eine fundierte Entscheidung darüber treffen, welche Rechtsform vorzuziehen ist.

Die Aufgabe der vorliegenden Untersuchung ist es, dem deutschen Gründer einen Überblick über ausgewählte praxisrelevante Aspekte sowie die damit verbundenen wesentlichen Vor- und Nachteile beider Gesellschaftsformen zu geben. Der Leitfaden soll eine Entscheidungshilfe für die richtige Wahl einer Rechtsform darstellen, eine individuelle rechtliche Beratung kann er jedoch nicht ersetzen. Die veröffentlichte Rechtsprechung und Literatur wurde bis einschließlich Januar 2006 berücksichtigt.

2 GRUNDLAGEN

2.1 Rechtsgrundlagen von GmbH und Limited

2.1.1 Rechtsquellen der GmbH

Deutschland verfügt über keine einheitliche Kodifikation der gesell-schaftsrechtlichen Vorschriften. Vielmehr sind die für die GmbH maß-geblichen Regelungen auf verschiedene Gesetze verteilt.[2]

Rechtsgrundlage für die GmbH ist zunächst das Gesetz betreffend die Gesellschaften mit beschränkter Haftung (GmbHG). Neben dieser son-dergesetzlichen Regelung gelten ergänzend die Vorschriften des BGB, des HGB, des AktG, des FGG und des UmwG.[3] So werden z. B. die Re-gelungen des Vereins als Grundform aller privatrechtlichen Körper-schaften (§§ 21-79 BGB) herangezogen, wenn das entsprechende Sondergesetz keine Regelungen enthält.[4] Des Weiteren spielen die Rech-nungslegungs- und Prüfungsvorschriften des HGB (§§ 238-324 HGB) eine erhebliche Rolle. Nicht zuletzt ist auch das Grundgesetz (GG) mit seinen Wertungen im Gesellschaftsrecht von Bedeutung. Insbesondere die Vereinigungsfreiheit (Art. 9 I GG), die Berufsfreiheit (Art. 12 GG) und die Eigentumsfreiheit (Art. 14 GG) sind hier zu nennen.[5]

---

[2]   Vgl. STEHLE/STEHLE (2005), S. 7 f.

[3]   Vgl. BALSER (2005), S. 19; HIRTE (2003), S. 8 f.

[4]   So z. B. § 31 BGB oder § 29 BGB für die Notbestellung eines GmbH-Geschäftsführers, da das GmbHG keine dem § 85 AktG äquivalente Rege-lung enthält. Vgl. HIRTE (2003), S. 8 f.

[5]   Vgl. HIRTE (2003), S. 8 f.; STEHLE/STEHLE (2005), S. 8.

2.1.2 Rechtsquellen der Limited

Anders als in Deutschland ist das englische Recht[6] sehr stark durch seine Rechtstradition – insbesondere das richterliche Fallrecht (*case* bzw. *common law*) – geprägt. Das Richterrecht ist gegenüber dem Gesetzesrecht (*statutory law*) vorrangig anzuwenden.[7]

Die Regelungstiefe der Gesetze im britischen Kapitalgesellschaftsrecht ist bereits so weit fortgeschritten, dass dieses im Wesentlichen durch Spezialgesetze geregelt wird. Das Recht der Ltd. ist, zusammen mit dem der *public company limited by shares* (PLC), hauptsächlich im Companies Act 1985 (CA) und 1989 bestimmt. Daneben existieren weitere für die Ltd. relevante Kodifikationen, wie z. B. der Companies Consolidation Act 1985, Financial Services and Markets Act 2000, Insolvency Act 1986, Business Names Act 1985, Companies Securities Act 1985 und Company Directors Disqualification Act 1986. Das Wirtschaftsministerium (*secretary of state*) hat kraft Ermächtigung im CA für die Ltd. zudem offizielle Mustersatzungen[8] erlassen, die regelmäßig die allgemeine Grundlage für die Unternehmensverfassung der Ltd. bilden.[9]

Verglichen mit dem deutschen HGB und den Spezialgesetzen – wie dem AktG bzw. GmbHG – sind die englischen Gesetze grundlegend verschieden. Während spezielle Rechtsformgesetze im englischen Gesellschaftsrecht gänzlich unbekannt sind, regeln die Kodifikationen keine weiten Rechtsgebiete vollständig und systematisch, sondern es handelt sich dort i. d. R. nur um sog. Teilkodifikationen.[10]

---

[6] Unter dem Begriff des „englischen Rechts" ist im Rahmen dieser Untersuchung nur das kodifizierte Recht von England und Wales zu verstehen. Vgl. SHEARMAN (1992), S. 149; TRIEBEL ET AL. (1995), S. 435.

[7] Vgl. JUST (2005), S. 4; LUKE (2005), S. 15 f.; TRIEBEL ET AL. (1995), S. 34.

[8] Vgl. Anhang 7und Anhang 8.

[9] Vgl. HARTMANN (2005), S. 14; JUST (2005), S. 4; LUKE (2005), S. 15 f.; O. V. (2005a), S. 24.

[10] Vgl. HARTMANN (2005), S. 14; TRIEBEL ET AL. (1995), S. 39.

2.2 Die Rechtsprechung des EuGH

2.2.1 Sitztheorie versus Gründungstheorie

Die bisherige Rechtsauffassung in Deutschland ging bei der Bestimmung des für eine Gesellschaft maßgeblichen Rechts traditionell von der sog. Sitztheorie aus. Danach bestimmt sich das Gesellschaftsstatut nach der Rechtsordnung desjenigen Staates, in welchem die Gesellschaft ihren tatsächlichen Verwaltungssitz hat.[11] Anknüpfungspunkt für den Verwaltungssitz ist der Sitz der Geschäftsführung und der entsprechenden Vertretungsorgane, d. h. der Ort, an dem „die grundlegenden Entscheidungen der Unternehmensleitung effektiv in laufende Geschäftsakte umgesetzt werden"[12].[13] In der Praxis bedeutet dies, dass die Verlegung des Verwaltungssitzes einer im Ausland gegründeten rechtsfähigen Gesellschaft einen Statutenwechsel zur Folge hat. Die Konsequenz ist, dass z. B. eine ausländische Kapitalgesellschaft in Deutschland – sofern sie nicht die Gründungsvoraussetzungen des deutschen Rechts erfüllt – als OHG oder GbR betrachtet wird. Folglich besteht keine Haftungsbeschränkung auf das Gesellschaftsvermögen (§§ 714, 128 BGB, § 11 GmbHG) sowie keine Rechts- oder Parteifähigkeit.[14] Um in Deutschland als rechts- und parteifähig anerkannt zu werden, muss die ausländische Gesellschaft den deutschen Grün-

---

11 Vgl. HEINZ (2004), S. 13; JULA (2003), S. 875; JÜTTNER (2005), S. 17; O. V. (2005a), S. 18 f.; ZIMMER (1996), S. 28. Aufgrund beachtlicher Rück- oder Weiterverweisungen sowie abweichender staatsvertraglicher Bestimmungen gem. Art. 4 I EGBGB können sich hierbei Ausnahmen ergeben. Vgl. O. V. (2005a), S. 18 f.

12 BGH v. 21.03.1986 – Az. V ZR 10/85.

13 Vgl. JÜTTNER (2005), S. 17; O. V. (2005a), S. 18 f.; HAUSMANN (1996), S. 1240-1242; V. BERNSTORFF (2004), S. 489.

14 Vgl. BÜCKER (2003), S. 21; HEINZ (2004), S. 13; JULA (2003), S. 875; JUST (2005), S. 5; O. V. (2005a), S. 18 f.; V. BERNSTORFF (2004), S. 489.

dungsvoraussetzungen – einschließlich der Mindestkapitalaufbringung und der Handelsregistereintragung – entsprechen. Vertreter dieser Theorie sehen deren Vorteil in dem hohen Schutz von Anteilseigner, Arbeitnehmer und Gläubiger der Gesellschaft verbunden mit einer wirksamen Kontrolle durch den wirtschaftlich und politisch meistbetroffenen Staat – den Verwaltungssitzstaat.[15]

Das Gegenstück zur Sitztheorie ist die sog. Gründungs- oder Inkorporationstheorie. Nach dieser Theorie bestimmt sich das Gesellschaftsstatut stets nach dem Recht des Staates, in welchem die Gesellschaft rechtswirksam konstituiert wurde (Satzungssitz). Ihre Rechtsfähigkeit geht auch dann nicht verloren, wenn die Gesellschaft ihren Verwaltungssitz ins Ausland verlegt. Dies schafft dem Gesellschaftsgründer Freiheit und eröffnet ihm internationale Bewegungsspielräume bei der Wahl der optimalen Rechtsform.[16]

Die Gründungstheorie wird insbesondere in angloamerikanischen Rechtskreisen, aber auch innerhalb der EU in den skandinavischen Ländern und den Niederlanden angewendet.[17]

2.2.2 Entwicklung der Rechtsprechung

Mit seiner Entscheidungsserie in Sachen „Centros"[18], „Überseering"[19], „Inspire Art"[20] und jüngst „Sevic Systems"[21] hat der EuGH eine Wende

---

[15]   Vgl. HAUSMANN (1996), S. 1241; O. V. (2005a), S. 18 f.

[16]   Vgl. OFD Hannover v. 15.04.2005 – S 2700 – 2 – StO 241; HEINZ (2005), S. 14; HERDEGEN (1995), S. 176; EIDENMÜLLER/REHM (1997), S. 113 f.; MEILICKE (1990), S. 449-452; JULA (2003), S. 875; REICHOLD (1999), S. 75; V. BERNSTORFF (2004), S. 489.

[17]   Vgl. OFD Hannover v. 15.04.2005 – S 2700 – 2 – StO 241; V. BERNSTORFF (2004), S. 489.

[18]   EuGH v. 09.03.1999 – Rs. C-212/97.

[19]   EuGH v. 05.11.2002 – Rs. C-208/00.

[20]   EuGH v. 30.09.2003 – Rs. C-167/01.

von der Sitz- zur Gründungstheorie vollzogen und die europarechtlichen Rahmenbedingungen des Gesellschaftsrechts in Deutschland grundlegend verändert.[22]

Die Entwicklung begann 1999 mit dem Centros-Urteil, bei welchem einer von zwei dänischen Staatsangehörigen nach englischem Recht gegründeten Ltd. ohne Geschäftstätigkeit in England, die Errichtung einer Zweigniederlassung in Dänemark durch das zuständige Registergericht verweigert wurde. Grund hierfür war der Vorwurf, dass in Wirklichkeit keine Errichtung einer Zweig- sondern eine Hauptniederlassung beantragt werden würde und die daraus resultierende Umgehung der dänischen Mindestkapitalvorschriften nicht zulässig sei. Der EuGH urteilte, dass der beschriebene Fall keinen Missbrauch der Niederlassungsfreiheit begründe, auch wenn die Ltd. im Ausland keine Geschäftstätigkeit entfalte sondern nur gegründet worden sei, um die Gründungsvorschriften im Inland zu umgehen. Die Eintragungsverweigerung verstoße gegen den Grundsatz der Niederlassungsfreiheit (Art. 43, 48 EG), weshalb die Zweigniederlassung umgehend in das Handelsregister einzutragen sei.[23]

Der EuGH sprach sich in einer zweiten Entscheidung in Sachen „Überseering" zugunsten der Gründungstheorie aus. Nach der Auffassung der europäischen Richter dürfe einer in einem EU-Mitgliedstaat rechtmäßig errichteten Gesellschaft in einem anderen Mitgliedstaat deren Rechts- und Parteifähigkeit nicht abgesprochen werden. Die Niederlassungsfreiheit gebiete es, dass die Gesellschaft in einem anderen EU-Mitgliedsstaat nach dem Recht ihres Gründungstaates zu beurteilen

---

[21] EuGH v. 13.12.2005 – Rs. C-411/03.

[22] Vgl. HEINZ (2004), S. 14; WERNER (2005), S. 288.

[23] Vgl. BAYER (2003), S. 2360; HEINZ (2004), S. 14; FRÈRE/JÄGER (2005), S. 53 f.; O. V. (2005a), S. 20.

sei, auch wenn sich deren Verwaltungssitz in einen anderen Mitgliedsstaat verlagere.[24]

Einen weiteren Verstoß sahen die Richter des EuGH in dem Fall „Inspire Art" vorliegen, in welchem es um die Zulässigkeit von Sonderregelungen für formal ausländische Kapitalgesellschaften ging.[25] Ein von den Niederlanden erlassenes Gesetz unterwarf Gesellschaften, welche über keine Niederlassung in ihrem Gründungstaat sondern nur über eine Zweigniederlassung in den Niederlanden verfügten, umfangreichen Pflichten und Regelungen. Diese Zuzugsbeschränkung führte nach Ansicht des EuGH zu einer Diskriminierung von ausländischen Gesellschaften und verstöße damit gegen die Niederlassungsfreiheit.[26]

In seinem jüngsten Fall in Sachen „Sevic Systems" hatte der EuGH darüber zu urteilen, ob die Eintragungsverweigerung einer grenzüberschreitenden Verschmelzung in das nationale Handelsregister zulässig ist oder gegen die Niederlassungsfreiheit verstoße. Die Richter kamen zu dem Urteil, dass diese Beschränkung unzulässig und eine grenzüberschreitende Verschmelzung unter den gleichen Voraussetzungen wie eine nationale Verschmelzung einzutragen sei.[27]

Zusammenfassend bleibt festzustellen, dass die Entwicklung der EuGH-Rechtsprechung immer weiter in Richtung der Gründungstheorie voranschreitet und jede Beschränkung der Niederlassungsfreiheit im Fall des Zuzugs einer Gesellschaft in einen anderen Mitgliedstaat konsequent zurückweist.[28] Für Wegzugsfälle hat die Sitztheorie jedoch weiterhin Bestand, so dass eine Beschränkung der Wegzugsfreiheit, wie die

---

[24] Vgl. BAYER (2003), S. 2360; CAMPOS NAVE (2004), S. 4060; HEINZ (2004), S. 14; FRÈRE/JÄGER (2005), S. 54 f.; LUKE (2005), S. 19.

[25] Vgl. HIRTE (2005a), S. 6.

[26] Vgl. BAYER (2003), S. 2362 f.; CAMPOS NAVE (2004), S. 4060; HEINZ (2004), S. 14; FRÈRE/JÄGER (2005), S. 55 f.; LUKE (2005), S. 19.

[27] Vgl. SCHMIDT/MAUL (2006), S. 11-14.

[28] Vgl. MELLERT/VERFÜRTH (2005), S. 64.

in Deutschland bestehende Zwangsauflösung, nicht gegen die Niederlassungsfreiheit verstößt.[29]

2.3 Wesentliche Entscheidungskriterien der Rechtsformwahl

Die Wahl der geeigneten Rechtsform stellt für den Unternehmensgrün-
der eine zentrale betriebswirtschaftliche Fragestellung dar, welche eine
grundlegende unternehmenspolitische Entscheidung verlangt. Hierbei
spielen neben den unternehmensspezifischen Gesichtspunkten insbesondere wirtschaftliche, gesellschaftsrechtliche und steuerliche Kriterien eine wichtige Rolle.[30] Um die einzelnen Kriterien genauer prüfen
und auf ihre Wertigkeit hin ordnen zu können, wird deren Inhalt im
Folgenden näher erläutert.[31]

2.3.1 Haftung der Gesellschaft und deren Organträger

Zwischen einem Unternehmen und außen stehenden Dritten, aber auch
zwischen einem Unternehmen und den dahinter stehenden Kapitalgebern, können schuldrechtliche Beziehungen bestehen. Dies wirft die
Frage auf, inwieweit Kapitalgeber und Existenzgründer für diese Verbindlichkeiten des Unternehmens persönlich haften. Die Beschränkung
der persönlichen Haftung des Unternehmers stellt speziell im mittelständischen Bereich ein zentrales Kriterium der Rechtsformwahl dar.[32]

---

[29] Vgl. CAMPOS NAVE (2004), S. 4061; MELLERT/VERFÜRTH (2005), S. 65.

[30] Vgl. BUSCHMANN ET AL. (2003), S. 5; KÖNIG/SURETH (2002), S. 26 f.; MEYER-
SCHARENBERG (2003), S. 50; SCHWARZ (1995), S. 67. Auf die Unternehmensnachfolge als Entscheidungskriterium soll im Rahmen dieser Untersuchung
nur unter erbschaftssteuerlichen Aspekten (siehe Kapitel 3.8) eingegangen
werden.

[31] Vgl. SCHWARZ (1995), S. 67.

[32] Vgl. KÖNIG/SURETH (2002), S. 27; MEYER-SCHARENBERG (2003), S. 36;
SCHEIDLE (1986), S. 2065. Laut einer Studie von BUSCHMANN ET AL. (2003)

Vorab ist zu klären, inwieweit eine Abhängigkeit zwischen der Haftung und der Höhe der Kapitaleinlage besteht. Haftet der Gesellschafter mit seinem gesamten Vermögen voll für die Verbindlichkeiten der Gesellschaft, besteht eine unbeschränkte Haftung. Liegt eine Haftungsbegrenzung in Höhe der Kapitaleinlage vor, handelt es sich um eine beschränkte Haftung.[33]

Die Bereitschaft eines Unternehmers für das Unternehmen voll zu haften, hängt von seiner Einschätzung des unternehmerischen Risikos ab. Da bei Kapitalgesellschaften die Haftung per Gesetz auf das Gesellschaftsvermögen beschränkt ist, scheint die Wahl dieser Rechtsform nahe liegend.[34]

2.3.2 Leitungsbefugnisse der Gesellschaftsorgane

In Hinblick auf die Leitungsbefugnisse ist zu klären, wer die Gesellschaft im Außenverhältnis gegenüber Dritten – wie Kunden, Lieferanten oder Banken – vertreten und Verträge abschließen darf (Vertretungsbefugnis). Dies kann durch die Gesamtheit der Gesellschafter, bestimmte einzelne Gesellschafter (*Selbst*organschaft) oder durch eine fremde dritte Person (*Fremd*organschaft) geschehen.[35] Im Allgemeinen besteht ein Zusammenhang zwischen der Vertretungsbefugnis und dem Haftungsausmaß eines Gesellschafters. Im Einzelfall kann jedoch eine vertraglich abweichend Regelung getroffen werden.[36]

---

war (ist) die Haftungsbegrenzung bei 67 % der befragten Unternehmer in der Vergangenheit (57,3 % in der Zukunft) Hauptgrund bei der Rechtsformwahl.

[33] Vgl. KÖNIG/SURETH (2002), S. 27; LÜHRSEN (2005), S. 25 f.

[34] Vgl. MEYER-SCHARENBERG (2003), S. 36; SCHWARZ (1995), S. 70.

[35] Vgl. KÖNIG/SURETH (2002), S. 27; LÜHRSEN (2005), S. 27; KESSLER/SCHIFFERS/TEUFEL (2002), S. 19.

[36] So z. B. bei der Frage bezüglich der Einzel- oder Gesamtvertretungsmacht sowie des Ausschlusses einzelner Gesellschafter von der Vertretungsmacht. Vgl. KÖNIG/SURETH (2002), S. 27.

Von der Vertretungsbefugnis zu unterscheiden ist die Geschäftsführungsbefugnis. Die Geschäftsführungsbefugnis betrifft das Innenverhältnis zwischen der Gesellschaft und den Gesellschaftern. Sie regelt im Unternehmen die Zuständigkeit für Entscheidungen in den einzelnen Unternehmensbereichen (z. B. Einkauf, Produktion, Absatz).[37]

Bei der Wahl der Rechtsform stellt sich die Frage, ob der Gesellschafter ein unternehmerisches Interesse an der Gesellschaft hat und sich daher persönlich in dieser engagieren möchte, oder ob sich seine Beteiligung lediglich auf den Kapitaleinsatz beschränken soll. Des Weiteren ist zu beachten, dass bei einer Fremdgeschäftsführung höhere Kosten für Rechenschafts- und Kontrollstrukturen anfallen und sich die Reaktionsgeschwindigkeit in Entscheidungsprozessen aufgrund notwendiger Rücksprachen mit den Gesellschaftern reduzieren kann.[38]

2.3.3 Art und Umfang der Mitbestimmungsrechte von Arbeitnehmern

Das deutsche Mitbestimmungsrecht ist Bestandteil des Unternehmensrechts. Es modifiziert insbesondere das Gesellschaftsrecht.[39] Die Aufgabe des Mitbestimmungsrechts besteht darin, den Arbeitnehmerschutz auf Unternehmensebene durch Überwachung der Unternehmensleitung zu gewährleisten.[40] Dafür ist es notwendig, Regelungen zu treffen, die deutlich machen, ob und in welchem Umfang die im Unternehmen tätigen Arbeitnehmer die betrieblichen Entscheidungen des Unternehmens beeinflussen können. Dies ist entweder direkt – durch Engagement in unternehmerischen Entscheidungsprozessen (eigentliche Mitbestim-

---

[37] Vgl. König/Sureth (2002), S. 28; Lührsen (2005), S. 27; Meyer-Scharenberg (2003), S. 41; Wöhe/ Dörnig (2005), S. 260.

[38] Vgl. Kessler/Schiffers/Teufel (2002), S. 19.

[39] Vgl. Richardi (2005), S. XVII f.

[40] Vgl. Geyrhalter/Gänßler (2003), S. 412.

mung) – oder indirekt – durch Einflussnahme auf unternehmerische Entscheidungen auf Betriebsebene (Betriebsverfassung) – möglich. Die unternehmerische Mitbestimmung betrifft grundsätzlich nur Kapitalgesellschaften während die betriebliche Mitbestimmung rechtsformunabhängig ist. Da die Mitbestimmungsrechte auch von der Unternehmensgröße abhängig sind, ist diese bei der Entscheidung für oder gegen eine Rechtsform ebenfalls von Relevanz.[41]

2.3.4 Kapitalaufbringung, Erhaltung und Ausschüttung

Bei der Wahl einer bestimmten Rechtsform sind die spezifischen gesetzlichen Regeln zur Kapitalausstattung, welche die Eigenkapitalmindestausstattung sowie die bestehenden Kapitalerhaltungsregeln betreffen, zu beachten.[42]

Bezüglich der Beteiligung des Kapitalgebers am Gewinn und Verlust des Unternehmens sind einerseits das zu tragende Risiko und andererseits die Art und der Umfang der Haftungsbeschränkung entscheidend.[43] Daher ist jeweils zu klären, inwieweit vertraglich von den gesetzlichen Regelungen bezüglich der Ergebnisbeteiligung abgewichen werden kann. Außerdem stellt sich die Frage, ob die Gesellschafter bereits während des Geschäftsjahres – und damit vor der Feststellung eines verteilungsfähigen Gewinns – berechtigt sind, Entnahmen zu tätigen. Auch hier ist zu prüfen, ob es sich bei den gesetzlichen Vorschriften um dispositives Recht handelt.[44]

---

[41] Vgl. KESSLER/SCHIFFERS/TEUFEL (2002), S. 21; KÖNIG/SURETH (2002), S. 29.

[42] Vgl. KÖNIG/SURETH (2001), S. 29.

[43] Vgl. WÖHE/DÖRNIG (2005), S. 264.

[44] Vgl. KÖNIG/SURETH (2002), S. 28; LÜHRSEN (2005), S. 27 f.; SCHWARZ (1995), S. 71 f.

2.3.5 Finanzierungsmöglichkeiten der Gesellschaft

Jede Gesellschaft benötigt eine finanzielle Grundausstattung, um ihre unternehmerischen Ziele realisieren zu können. Das dafür benötigte Kapital kann entweder aus eigenen Mitteln aufgebracht (Eigenfinanzierung) oder dem Unternehmen von fremden Kapitalgebern – für eine bestimmte Dauer – überlassen werden (Fremdfinanzierung).[45] Bei der Mittelherkunft ist zu differenzieren, ob eine Finanzierung aus dem Unternehmen (Innenfinanzierung) oder über den Kapitalmarkt (Außenfinanzierung) erfolgen soll.[46]

Hinsichtlich der Finanzierungsmöglichkeiten der Gesellschaft ist zu berücksichtigen, inwieweit die Kapitalbeschaffung durch die Wahl einer bestimmten Rechtsform beeinflusst werden kann. So hängen die Möglichkeiten der Fremdfinanzierung von den Eigenkapitalbeschaffungsmöglichkeiten, einer eventuell bestehenden Mindestkapitalausstattungspflicht und auch von der Haftungsbeschränkung ab.[47]

2.3.6 Auftreten der Gesellschaft im Geschäftsverkehr

Neben wirtschaftlichen und gesellschaftsrechtlichen Kriterien spielt das allgemeine Umfeld eine immer größere Rolle bei der Entscheidung für eine Rechtsform. Insbesondere das Image einer Rechtsform gewinnt für den Mittelstand zunehmend an Bedeutung.[48]

---

[45] Vgl. LÜHRSEN (2005), S. 29; SCHWARZ (1995), S. 69.

[46] Vgl. KÖNIG/SURETH (2002), S. 29; THOMMEN/ACHLEITNER (2001), S. 469 f.

[47] Vgl. KÖNIG/SURETH (2002), S. 29; LÜHRSEN (2005), S. 29.

[48] Vgl. BUSCHMANN ET AL. (2003), S. 22, 27 f.; KESSLER/SCHIFFERS/TEUFEL (2002), S. 27; KLANDT/ BRÜNING (2002), S. 32. Während in der Vergangenheit nur 10,1 % der Unternehmer das Image bei der Entscheidung für eine Rechtsform berücksichtigten, würden es 21,3 % zukünftig einbeziehen Vgl. BUSCHMANN ET AL. (2003), S. 22, 28.

Entscheidend ist, wie sich das Unternehmen im Geschäftsverkehr gegenüber Dritten, wie Kunden, Lieferanten oder Kreditinstituten, präsentiert. Hier kann eine Abhängigkeit von der Rechtsform, beispielsweise in Form von gesetzlichen Vorgaben bezüglich der Angaben auf Geschäftsbriefen oder des Gerichtstands, vorliegen. Letztlich ist für die Wahl der geeigneten Rechtsform relevant, ob ein Unternehmen vorwiegend national oder international operiert. Von den vielen national anerkannten Gesellschaftsformen verfügen nur wenige über einen hohen internationalen Bekanntheitsgrad.[49]

2.3.7 Rechnungslegungs-, Publizitäts- und Prüfungsvorschriften

Einige Rechtsformen sowie Unternehmen ab einer bestimmten Größenordnung sind per Gesetz dazu verpflichtet, ihren Jahresabschluss prüfen zu lassen und zu publizieren. Für die Rechtsformwahl ist es daher notwendig zu wissen, inwieweit ein Unternehmen einer bestimmten Rechtsform der Öffentlichkeit Zugang zu Informationen gewähren muss. Dabei ist zu beachten, dass die Publizität zum einen unmittelbar Kosten verursacht und zum anderen Wettbewerbern einen Einblick in die geschäftliche Lage des Unternehmens ermöglicht.[50]

Auch wenn die in der Literatur als wichtig angenommenen Kriterien der Rechnungslegungs-, Publizitäts- und Prüfungspflicht[51] in der Vergangenheit bei der Wahl einer Rechtsform kaum Beachtung gefunden haben,[52] gewinnen sie vor dem europäischen Hintergrund des Bestrebens der EU nach einer Vereinheitlichung der Standards auf IAS/IFRS an Bedeutung.

---

[49] Vgl. LÜHRSEN (2005), S. 33; O. V. (2005a), S. 119.

[50] Vgl. KESSLER/SCHIFFERS/TEUFEL (2002), S. 20; KÖNIG/SURETH (2002), S. 28; LÜHRSEN (2005), S. 30.

[51] Siehe hierzu beispielsweise SCHEIDLE (1986), S. 2065 f.

2.3.8 Besteuerung der Gesellschaft und deren Gesellschafter

Die Steuerbelastung einer Gesellschaft ist neben der Haftungsbeschränkung ein weiteres wichtiges Entscheidungskriterium bei der
Wahl der optimalen Rechtsform.[53]

Das Steuerrecht in Deutschland basiert auf keinem einheitlichen System der Unternehmensbesteuerung. Vielmehr knüpft die Besteuerung
an die unterschiedlichen zivilrechtlich vorgegebenen Rechtsformen an,
was die steuerliche Bewertung einer Rechtsform als sehr schwierig gestaltet. Abhängig von der jeweiligen Rechtsform kommt es zu Unterschieden bezüglich der Steuerpflicht, der steuerlichen
Bemessungsgrundlage, des anzuwendenden Steuertarifs sowie der
steuerlichen Behandlung auf Ebene der Gesellschaft und ihrer Gesellschafter.[54] Gerade bei mittelständischen Unternehmen, bei welchen Er-
tragsteuer- und Erbschaftsteuerrecht eng miteinander verzahnt sind,
gestaltet sich die Bewertung als äußerst kompliziert. So kann eine
Rechtsform unter einem Aspekt vorteilhafter, unter einem anderen jedoch nachteiliger sein als eine andere. Zur Beurteilung der einzelnen
Rechtsformen ist daher eine Gesamtbetrachtung – unter Berücksichtigung der individuellen Situation des Gründers – notwendig.[55]

---

[52] Nur ca. 3 % bezogen diese Faktoren mit in die Entscheidung ein. Vgl.
BUSCHMANN ET AL. (2003), S. 22.

[53] Einer Studie zufolge gaben 43% aller Unternehmen bzw. knapp 51% der
befragten Kapitalgesellschaften die Steuerbelastung als einen der Haupt-
gründe für die Wahl einer Rechtsform an. Vgl. BUSCHMANN ET AL. (2003),
S. 21 f. Zum Einfluss der Besteuerung auf die Rechtsformwahl siehe ausführlich HÖFLACHER/WENDTLANDT (2001), S. 793; FÖRSTER (2001).

[54] Vgl. FRÖHLICH (2004), S. 186; HAASE (2002), S. 199; KÖNIG/SURETH (2002),
S. 29 f.

[55] Vgl. SCHWARZ (1995), S. 73.

2.3.9 Rechtsformspezifische Aufwendungen

Jede Rechtsform verursacht aufgrund ihrer Unternehmensstruktur sowie der vielfältigen mit ihr in Verbindung stehenden gesetzlichen Vorschriften spezifische Kosten in unterschiedlicher Höhe. Dabei ist zwischen aperiodischen Aufwendungen zu unterscheiden, welche nur einmalig anfallen, z. B. anlässlich der Gründung des Unternehmens, und solchen Aufwendungen, welche in regelmäßigen Abständen wiederkehren (periodischen). Diesen laufenden rechtsformabhängigen Aufwendungen kommt insofern eine höhere Bedeutung zu, als dass sie – speziell bei kleinen Unternehmen – den Gewinn so stark belasten können, dass sich die Wahl einer bestimmten Rechtsform als nicht wirtschaftlich erweist.[56] Insbesondere betrifft dies die Kosten der Rechnungslegung, der Prüfungspflicht und der Veröffentlichung des Jahresabschlusses, welche vor allem bei Kapitalgesellschaften in Abhängigkeit zu deren Größe anfallen. Ferner sind die laufenden Rechts- und Steuerberatungskosten zu berücksichtigen.[57]

---

[56] Vgl. KÖNIG/SURETH (2002), S. 29; LÜHRSEN (2005), S. 31 f.

[57] Vgl. SCHWARZ (1995), S. 73; KESSLER/SCHIFFERS/TEUFEL (2002), S. 25; VELTINS (2001), S. 500; WÖHE/DÖRING (2005), S. 283.

3 VERGLEICH VON GMBH UND LIMITED

3.1 Entstehung der Gesellschaft

3.1.1 Gründung der GmbH

3.1.1.1 Gründungsvoraussetzungen

Zwingende Voraussetzung für die Gründung einer GmbH ist ein notariell beurkundeter Gesellschaftsvertrag (§ 2 I GmbHG). Dieser kann entweder von einer Person (sog. Einpersonen-GmbH) oder von mehreren Personen geschlossen werden (§ 1 GmbHG). Gründungsgesellschafter können dabei sowohl natürliche oder juristische Personen als auch Personengesellschaften sein.[58]

Bezüglich des Gesellschaftsvertrags besteht eine weitgehende inhaltliche Gestaltungsfreiheit, wobei gesetzliche Mindestanforderungen zu erfüllen sind (§ 3 GmbHG). Hierzu gehören insbesondere die Angaben über den Namen und Sitz der Gesellschaft, den Gegenstand des Unternehmens, den Betrag des Stammkapitals und die Höhe der von jedem Gesellschafter auf das Stammkapital zu leistenden Einlage (Stammeinlage). Der Firmenname muss den Zusatz „GmbH" bzw. eine ähnliche, nicht verwechselbare Bezeichnung enthalten (§ 4 GmbHG). Der Gesellschaftssitz bestimmt sich nach dem Ort, an dem die Gesellschaft einen Betrieb hat, sich die Geschäftsleitung befindet oder die Verwaltung ge-

---

[58] Vgl. HÖRETH/SCHIEGL (2004), S. 3 f.; KESSLER/SCHIFFERS/TEUFEL (2002), S. 77; KÖNIG/SURETH (2002), S. 39; SCHWARZ (1995), S. 49.

führt wird (§ 4a II GmbHG). Etwaige Formmängel innerhalb des Vertrags werden durch dessen Eintragung in das Handelsregister geheilt. Nachträgliche Änderungen sind nur mit einer Dreiviertelmehrheit sowie der notariellen Beurkundung möglich.[59]

3.1.1.2 Gründungverfahren

Der zivilrechtlichen Entstehung der GmbH gehen verschiedene Gründungsmaßnahmen voran, welche sich dem System der Normativbestimmung entsprechend in drei Phasen vollziehen.[60]

Den Beginn der ersten Phase bildet der Gründungsbeschluss der Gründungsgesellschafter. Ein Gründungsbeschluss kann nicht nur durch vertragliche Vereinbarungen, sondern auch durch konkludentes Verhalten zur Vorbereitung der Gründung entstehen. Die Vorgründungsgesellschaft ist – sofern sie nicht bereits ein selbständiges Handelsgewerbe i. S. d. §§ 105-160 HGB aufgenommen hat – rechtlich als GbR (§§ 705-740 BGB) zu qualifizieren. Zivilrechtlich besteht zwischen der Vorgründungsgesellschaft und der künftigen GmbH keine Identität. Die Vorgründungsgesellschaft geht nicht in der nachfolgenden Vorgesellschaft auf, sondern endet gem. § 726 BGB mit der Erreichung oder dem Unmöglichwerden des Zwecks (Errichtung der GmbH).[61]

Die zweite Phase von der Feststellung der Satzung, in Form der notariellen Beurkundung des Gesellschaftsvertrages, bis zur Eintragung der Gesellschaft in das Handelsregister wird als sog. Vorgesellschaft (GmbH

---

[59] Vgl. HÖRETH/SCHIEGL (2004), S. 3 f.; KESSLER/SCHIFFERS/TEUFEL (2002), S. 77; KÖNIG/SURETH (2002), S. 39; MELLERT/VERFÜRTH (2005), S. 73.

[60] Vgl. HIRTE (2005b), S. XIV f.; KESSLER/SCHIFFERS/TEUFEL (2002), S. 78; sowie Anhang 1.

[61] Vgl. HILPERT (2003), S. 33-35; 44; HIRTE (2005b), S. XIV f.; KESSLER/SCHIFFERS/TEUFEL (2002), S. 78.

i. Gr.) bezeichnet.[62] Die Vorgesellschaft ist zivilrechtlich voll handlungs-fähig und kann als Träger von Rechten und Pflichten bereits unternehmerisch tätig werden. Um jedoch eine Haftungsbeschränkung auf das Gesellschaftsvermögen zu erzielen, ist die Eintragung der GmbH im zuständigen Handelsregister notwendig (§ 11 II GmbHG). Als Gründungsakte sind zuvor die Bestellung der Geschäftsführer (§ 6 I GmbHG), die Leistung der Stammeinlage (§ 7 II und III GmbHG), die Anmeldung zum Handelsregister (§ 7 I GmbHG) sowie die registerrechtliche Prüfung und die Eintragung und Bekanntmachung der Gesellschaft (§§ 9c, 10 GmbHG) erforderlich.[63] Trotz bestehender unterschiedlicher Meinungen bezüglich der gesellschaftsrechtlichen Einordnung der Vorgesellschaft wird die Identität zwischen der „Vor-GmbH" und der künftigen GmbH allgemein anerkannt. Demnach gehen alle Rechte und Pflichten der Vorgesellschaft mit Eintragung der GmbH auf diese über.[64]

Damit die GmbH als juristische Person – und die damit verbundene Haftungsbeschränkung auf das Stammkapital – entstehen kann, ist in einer dritten Phase die Eintragung der Gesellschaft in das Handelsregister notwendig (§ 11 GmbHG). Der Zeitraum von der notariellen Beglaubigung über die richterliche Prüfung der Gründungsvoraussetzungen bis hin zur Eintragung kann zwei bis sechs Wochen betragen, abhängig von der Auslastung des zuständigen Handelsregisters sowie der Vollständigkeit der erforderlichen Dokumente.[65]

---

[62] Vgl. HILPERT (2003), S. 35-37; HIRTE (2005b), S. XIV f.; KESSLER/SCHIFFERS/TEUFEL (2002), S. 78; SCHWARZ (1995), S. 49; SCHMIDT (2000), S. 529-534.

[63] Vgl. KESSLER/SCHIFFERS/TEUFEL (2002), S. 78; MELLERT/VERFÜRTH (2005), S. 73 f.; SCHMIDT (2000), S. 535-540.

[64] Vgl. KESSLER/SCHIFFERS/TEUFEL (2002), S. 78; SCHWARZ (1995), S. 50.

[65] Vgl. CAMPOS NAVE (2004), S. 4062; HIRTE (2005b), S. XIV f.; KESSLER/SCHIFFERS/TEUFEL (2002), S. 78; MELLERT/VERFÜRTH (2005), S. 74 f.; SCHWARZ (1995), S. 49.

3.1.1.3 Gründungs- und Gründungsfolgekosten

Die Gründungskosten der GmbH setzen sich primär aus den Notar- und den Handelsregisterkosten zusammen. Die Notargebühren für die Beglaubigung des Gründungsaktes bemessen sich nach der Stammkapitalziffer sowie gegebenenfalls der Anzahl der Gesellschafter. Steigen diese, nehmen auch die entsprechenden Gebühren zu. Die Kosten einer GmbH-Gründung mit einem Stammkapital von 25.000 € belaufen sich in etwa auf 150 € bis 380 € (§§ 36 II, 47 KostO). Die Höhe der Gebühren für die Anmeldung zum Handelsregister ermittelt sich nach dem Aufwand des Registergerichts, wobei die einfache Gründung einer GmbH den Betrag von 300 € nicht überschreiten sollte (§§ 79, 137 Nr. 5 KostO). Verfügt die GmbH über eine komplexe Gesellschafts- oder Gesellschafterstruktur, ist die Hinzuziehung eines fachkundigen Rechtsanwaltes zu empfehlen, wobei auch diese Kosten zu berücksichtigen sind. Die Gründungskosten der GmbH betragen somit i. d. R. weniger als 500 €. Es fallen keine zusätzlichen laufenden Verwaltungs- oder Unterhaltungskosten in Verbindung mit der Gründung der Gesellschaft an.[66]

3.1.2 Gründung der Limited

3.1.2.1 Gründungsvoraussetzungen

Eine Ltd. kann von einer oder von mehreren natürlichen oder juristischen Personen gegründet werden (Sec. 1 I, II lit. a und IIIA CA). Vor-

---

[66] Vgl. CAMPOS NAVE (2004), S. 4065; HECKSCHEN (2004), S. R025; MELLERT/VERFÜRTH (2005), S. 75; WACHTER (2004a), S. 94; WÄLZHOLZ (2005), S. 424.

aussetzung für den Erhalt der Gründungsurkunde (*certificate of incorporation*) ist die Einreichung von vier Dokumenten bei dem zuständigen Gesellschaftsregister, dem *Companies House* (Sec. 10 CA). Es handelt sich dabei um die Satzung der Gesellschaft – bestehend aus der Gründungsurkunde (*memorandum of associations*) und dem Gesellschaftsvertrag (*articles of association*) –, die schriftlichen Erklärungen der Personen, welche die Funktion des Geschäftsführers (*director*) und des Sekretärs (*company secretary*) übernehmen (*Form 10*), den eigentlichen Gründungsantrag mit der eidesstattlichen Erklärung, dass die gesetzlichen Gründungsvorschriften eingehalten wurden (*Form 12*) sowie einen Scheck zur Deckung der Eintragungsgebühr.[67] Anders als bei der GmbH ist die Erbringung einer Stammeinlage hingegen keine Gründungsvoraussetzung.[68]

Das *memorandum* regelt das Außenverhältnis der Gesellschaft. In der Praxis wird hierfür regelmäßig auf *Table B* als Musterdokument zurückgegriffen. Das *memorandum* hat dabei die folgenden Pflichtangaben zu enthalten (Sec. 2 CA): Firma (*company's name*) und Sitz der Gesellschaft (*registered office*), Gegenstand des Unternehmens (*company's objects*), Haftungsbeschränkung der Gesellschafter (*limited liability of the members*), Höhe des Gesellschaftskapitals (*share capital*), Nennbetrag der Anteile sowie Namen der Gründer inklusive der Anzahl der von ihnen übernommenen Anteile (Sec. 5 CA).[69] Die Namensgebung muss den Vorschriften des CA (Sec.s 26 I, II und 32 CA) und des *Business Names*

---

[67] Zu den beim *Companies House* einzureichenden Unterlagen siehe Anhang 7 bis Anhang 10.

[68] Vgl. FRÈRE/JÄGER (2005), S. 58 f.; HEINZ (2004), S. 33; JUST (2005), S. 7; KASOLOWSKY (2005), S. 122; MELLERT/VERFÜRTH (2005), S. 99 f.; O. V. (2005a), S. 28.

[69] Vgl. EBERT/LEVEDAG (2003), S. 1337; FRÈRE/JÄGER (2005), S. 59; ausführlich JUST (2005), S. 7, 14-18; KASOLOWSKY (2005), S. 122-125; MELLERT/VERFÜRTH (2005), S. 100 f.; MICHALSKY (1991), S. 1660 f.; O. V. (2005a), S. 31 f.; SHEARMAN (1992), S. 149 f.

Act 1985 genügen.[70] Wie auch im deutschen Recht hat die Gesellschaft durch den Rechtsformzusatz „Limited" bzw. eine dementsprechende Abkürzung auf die Haftungsbeschränkung hinzuweisen (Sec.s 25 II, 26 I lit. b CA). Wird die Gesellschaft in Deutschland tätig, sind auch die Anforderungen des deutschen Firmenrechts (§§ 18, 30 HGB) zu beachten.[71] Der Sitz der Gesellschaft muss sich in England und Wales oder Schottland befinden (Sec. 2 I lit. b CA). Die genaue Zustellungsadresse des *registered office* ist in *Form 10* anzugeben, die Angabe eines Postfachs reicht nicht aus.[72]

In Ergänzung zu dem *memorandum* bestimmen die sog. *articles of association* das Innenverhältnis der Gesellschaft. Sie enthalten u. a. Regelungen bezüglich der Kapitaleinlage, der verschiedenen Anteilsarten, der Rechte der Gesellschafter (*members*) sowie der Bestellung und Abberufung des *directors* und des *company secretary*.[73] Die Gestaltungsmöglichkeiten der *articles of association* sind relativ flexibel. Die *members* können auch auf deren Einreichung verzichten. In diesem Fall gilt automatisch die Mustersatzung des CA, *Table A* (Sec. 8 II CA).[74]

Um eine Zweigniederlassung der Ltd. zum deutschen Handelsregister (§ 12 HGB) anmelden zu können, sind die in den §§ 13d bis 13g HGB i. V. m. § 10 GmbHG aufgeführten Mindestangaben notwendig. Bezüglich der Zweigniederlassung sind deren Errichtung, Firma, Anschrift, Gegenstand des Unternehmens sowie ständige Vertreter und deren Befugnisse anzugeben. Für die ausländische Gesellschaft sind Angaben

---

[70] Gem. den *Company and Business Names Regulations 1981* sind z. B. Namensbestandteile wie „European", „Group", „Institute" oder „International" verboten oder nur mit Zustimmung des *secretary of state* zulässig. Vgl. HARTMANN (2005), S. 17; JUST (2005), S. 14 f.; KASOLOWSKY (2005), S. 123.

[71] Vgl. HIRSCH (2003), S. 1102 f.; KASOLOWSKY (2005), S. 123; KÖGEL (2004), S. 1765; MELLERT/ VERFÜRTH (2005), S. 100; O. V. (2005a), S. 33 f.

[72] Vgl. JUST (2005), S. 15; KASOLOWSKY (2005), S. 122 f.; O. V. (2005a), S. 31.

[73] Vgl. MELLERT/VERFÜRTH (2005), S. 99-101; O. V. (2005a), S. 32.

[74] Vgl. KASOLOWSKY (2005), S. 122-125; KISKER (1992), S. 29; MELLERT/VERFÜRTH (2005), S. 101; MICHALSKY (1991), S. 1661; O. V. (2005a), S. 32.

über Firma und Sitz der Gesellschaft, Rechtsform, Gesellschaftsregister und Registernummer, Unternehmensgegenstand, Vertretungsbefugnisse der *directors*, Höhe des Stammkapitals und darauf ausgegebene *shares*, Tag des Abschlusses des *memorandums* sowie evtl. bestehende zeitliche Befristungen der Gesellschaft erforderlich. Zur Überprüfung bedarf es zusätzlich des Nachweises über das Bestehen der Gesellschaft, der Legitimation der *directors*, der Vorlage der staatlichen Genehmigung und der Satzung der Gesellschaft.[75]

3.1.2.2 Gründungsverfahren

Anders als im deutschen Recht entsteht mit der Feststellung des *memorandum* und der *articles of association* noch keine rechtskräftige Vorgesellschaft. Erst wenn die Gesellschaft in das Gesellschaftsregister eingetragen und das *certificate of incorporation* ausgestellt wurde, gilt die Ltd. als wirksam gegründet und somit rechtsfähig (Sec. 13 III CA). Werden bereits vor Entstehung der Ltd. im Namen der Gesellschaft Rechtsgeschäfte vorgenommen, haften die Gründer bzw. *directors* – sofern deren Haftung nicht ausgeschlossen wurde – für diese Geschäfte grundsätzlich persönlich (Sec. 36C CA).[76] Eine notarielle Beurkundung der Gründung ist nicht erforderlich. In der Praxis übernimmt typischerweise ein mit der Gesellschaftsgründung betrauter englischer Anwalt bzw. ein Dienstleistungsunternehmen die Rolle des deutschen Notars.[77]

---

[75] Vgl. HERCHEN (2005), S. 529 f.; JUST (2005), S. 10 f.; KLOSE-MOKROß (2005a), S. 973-975; KLOSE-MOKROß (2005b), S. 1013-1017; MANKOWSKI (2005), S. 357 f.; WACHTER (2004c), S. 612-616.

[76] Vgl. JUST (2005), S. 7; KASOLOWSKY (2005), S. 122 f.; MELLERT/VERFÜRTH (2005), S. 103 f.; O. V. (2005a), S. 28.

[77] Vgl. HAPP/HOLLER (2004), S. 734; KALLMEYER (2004), S. 636; KASOLOWSKY (2005), S. 122 f.; TRIEBEL (2003), S. 1; V. BERNSTORFF (2004), S. 501; WÄLZHOLZ (2005), S. 424.

Zur wirksamen Gründung einer Ltd. müssen die vollständigen Dokumente beim *registrar of companies for England and Wales* beim *Companies House* eingereicht werden.[78] Der *registrar* prüft, ob alle Voraussetzungen für die Eintragung vorliegen und stellt daraufhin das *certificate of incorporation* aus. Die Bearbeitungszeit beträgt zwischen 3 und 14 Tagen, auf Antrag ist eine Gründung auch innerhalb von 24 Stunden möglich.[79]

Um in Deutschland wirtschaftlich tätig werden zu können, ist eine Zweigniederlassung[80] der Ltd. zum Handelsregister anzumelden. Die erforderlichen Unterlagen und Nachweise sind in deutscher Sprache und beglaubigter Form einzureichen (§ 12 HGB). Das Verfahren ist relativ aufwendig und schwierig. Häufig wird der damit in Verbindung stehende Zeit- und Kostenaufwand von Dienstleistungsanbietern verschwiegen oder als unbedeutend dargestellt. Da die Eintragung der Zweigniederlassung nur deklaratorische Wirkung[81] hat, kann die Ltd. bereits vor deren Eintragung im Handelsregister wirtschaftlich tätig werden.[82]

3.1.2.3 Gründungs- und Gründungsfolgekosten

Die Kosten für die Gründung einer Ltd. in England sind – aufgrund des fehlenden Erfordernisses der notariellen Beurkundung[83] – sehr nied-

---

[78] Siehe dazu im einzelnen Kapitel 3.1.2.1.

[79] Vgl. BRÖDER (2005), S. 302; CAMPOS NAVE (2003), S. 4021 f.; HARTMANN (2005), S. 16; KASOLOWSKY (2005), S. 122 f.; MELLERT/VERFÜRTH (2005), S. 104.

[80] Vgl. zu den Merkmalen einer Zweigniederlassung ausführlich KÖGEL (2004), S. 1763 f.

[81] Vgl. BOKELMANN (1996), S. 176 f., 196-204.

[82] Vgl. HAPP/HOLLER (2004), S. 734; JUST (2005), S. 9 f., 12; KLOSE-MOKROß (2005a), S. 971 f.; WÄLZHOLZ (2005), S. 424; WACHTER (2003), S. 1254 f.; WACHTER (2004a), S. 93; WACHTER (2004c), S. 611 f., 614; ZÖLLNER (2006), S. 3.

[83] Zu den sich daraus ergebenden Vorteilen vgl. KALLMEYER (2004), S. 638.

rig.[84] Die für die Eintragung der Ltd. in das englische Handelsregister erhobene Gebühr (*registration fee*) beträgt 20 £.[85] Zusätzliche Kosten fallen für die Erstellung des Gesellschaftsvertrages, die Rechts- und Steuerberatung sowie die sonstigen Gründungsformalien an.[86] Verschiedene Dienstleistungsunternehmen bieten die Gründung einer Ltd. für Preise zwischen 250 € und 5.000 € an. So kostet z. B. das Basispaket eines Anbieters inkl. der Gründung mit Registereintragung, der Bestellung des *registered offices* sowie des *secretaries* im ersten Jahr 555 €.[87] Dabei ist zu beachten, dass bei einer derartigen Gründung nur die allgemeine Standardsatzung enthalten ist. Für eine rechtliche Beratung oder individuelle Gestaltung der Satzung – welche bei einer GmbH-Gründung in den Notargebühren bereits enthalten sind – fallen zusätzliche Kosten an. Darüber hinaus sind die nicht unerheblichen Kosten für Übersetzungen, Beglaubigungen und Apostillen zu berücksichtigen.[88]

Die Gebühren für die Eintragung der Zweigniederlassung einer in Deutschland tätigen Ltd. im Handelsregister betragen ca. 100 €. Die im Zusammenhang mit der Handelsregisteranmeldung anfallenden Notarkosten sind identisch mit denen der GmbH-Anmeldung.[89]

---

[84] Vgl. BRINKMEIER (2004), S. 153; HAPP/HOLLER (2004), S. 734; WÄLZHOLZ (2005), S. 424.

[85] Soll die Ltd. innerhalb von 24 Stunden eingetragen werden, erhöht sich die Gebühr auf 80 £. Vgl. KASOLOWSKY (2005), S. 122 f ; O. V. (2005a), S. 28.

[86] Vgl. FRICK (2005), S. 4; HÖRETH/SCHIEGL (2004), S. 5; WACHTER (2004a), S. 94; WÄLZHOLZ (2005), S. 424.

[87] Vgl. BRINKMEIER (2004), S. 153; GOLDSTEIN/WULFERDING (2004); S. 26-29; HAPP/HOLLER (2004), S. 734; HÖRETH/SCHIEGL (2004), S. 5 f.; MAUL/SCHMIDT (2003), S. 2298; WACHTER (2004a), S. 94.

[88] Vgl. BINNEWIES (2004), S. 209; BRINKMEIER (2004), S. 153; HAPP/HOLLER (2004), S. 734; HECKSCHEN (2004), S. R 025; WACHTER (2004a), S. 94; WACHTER (2004b), S. 2799; WÄLZHOLZ (2005), S. 424.

[89] Vgl. BINNEWIES (2004), S. 209; KLOSE-MOKROß (2005b), S. 1017; MANKOWSKI (2005), S. 363 f.; WACHTER (2004a), S. 94, Fn. 47; WÄLZHOLZ (2005), S. 424.

Bei einem Vergleich der Kosten beider Rechtsformen sind nicht nur die Gründungskosten, sondern auch die aus der Rechtsform resultierenden Folgekosten mit einzubeziehen. Bei der Ltd. gehören dazu insbesondere die laufenden Unterhaltungskosten für das *registered office* sowie für den *company secretary*. Je nach Gründungsanbieter liegen diese jährlich anfallenden Kosten zwischen 98 € und 720 € für das *registered office* sowie 119 € bis 700 € für die Vergütung des *company secretary*.[90]

3.1.3 Zwischenfazit

Die Gründungsvoraussetzungen sowie der Gründungsvorgang weisen – abgesehen von der Stammeinlagepflicht bei der GmbH – keine wesentlichen Unterschiede auf. Während die GmbH ihre Rechtsfähigkeit durch Abschluss des Gesellschaftsvertrages und die Eintragung in das Handelsregister erlangt, erhält die Ltd. diese durch die Unterzeichnung des *memorandum* und die Ausstellung des *certificate of incorporation*.[91] Die Gründung einer Ltd. in England ist auch für einen deutschen Gründer ausgesprochen einfach und schnell. Sofern der tatsächliche Verwaltungssitz der Ltd. nach Deutschland verlegt wird, muss jedoch eine Zweigniederlassung beim deutschen Handelsregister angemeldet werden, was dem Vorgang und den Kosten einer nochmaligen Gründung in Deutschland gleichgestellt werden kann.[92]

Ein wesentlicher Unterschied besteht in dem Zeitraum, in dem die Haftung noch nicht auf das Stammkapital beschränkt ist (§ 11 GmbHG). Aufgrund der Möglichkeit, in England eine Gesellschaft innerhalb von 24 Stunden zu gründen, entfällt bei der Ltd. die Haftungsproblematik

---

[90] Vgl. FRICK (2005), S. 4; GOLDSTEIN/WULFERDING (2004), S. 26-29; WACHTER (2004a), S. 94.

[91] Vgl. CAMPOS NAVE (2004), S. 4062; KISKER (1992), S. 31.

[92] Vgl. BINNEWIES (2004), S. 209; DEGENHARDT (2005a), S. 37; WÄLZHOLZ (2005), S. 430.

der Vor-GmbH. Dieser Vorteil kann bei der GmbH nur durch den Kauf einer „Vorratsgesellschaft" erzielt werden.[93]

Die Frage, welche Gesellschaftsform die kostengünstigere ist, lässt sich nur schwer beantworten. Bei einem Vergleich müssen neben den Gründungskosten auch die durch die Gründung entstehenden Folgekosten berücksichtigt werden. Insgesamt hat sich die Limited gegenüber der GmbH aufgrund der mit der Gründung und Verwaltung verbundenen zusätzlichen laufenden Kosten nicht als günstiger, sondern – speziell für kleinere Unternehmen – als teurer herausgestellt.[94]

3.2 Organisation und Verfassung

3.2.1 Organisationsverfassung der GmbH

Die GmbH bedarf als juristische Person bestimmter Organe. Per Gesetz existieren hierfür zwei Mindestorgane: die Gesellschafterversammlung und ein oder mehrere Geschäftsführer. Daneben kann in der Satzung ein Aufsichtsrat – als weiteres fakultatives Organ – vorgesehen werden.[95]

---

[93] Vgl. CAMPOS NAVE (2004), S. 4062; KASOLOWSKY (2005), S. 122 f.; MELLERT/VERFÜRTH (2005), S. 75. Bei der sog. Vorratsgesellschaft handelt es sich um eine mit der Absicht des Verkaufs gegründete Gesellschaft; vgl. O. V. (2005a), S. 36.

[94] Vgl. CAMPOS NAVE (2004), S. 4065; HAPP/HOLLER (2004), S. 734 f.; HECKSCHEN (2004), S. R025; WACHTER (2004a), S. 94.

[95] Vgl. KESSLER/SCHIFFERS/TEUFEL (2002), S. 76; MELLERT/VERFÜRTH (2005) S. 85; sowie die Übersicht in Anhang 1.

3.2.1.1 Gesellschafterversammlung

3.2.1.1.1 Zuständigkeit der Gesellschafterversammlung

Die Gesellschafterversammlung – als Gesamtheit aller Gesellschafter – ist das oberste und willensbildende Organ der GmbH. Soweit nicht per Gesetz oder Satzung etwas anderes bestimmt ist, erstreckt sich ihre Zuständigkeit auf alle Angelegenheiten der Gesellschaft (§ 45 GmbHG). Ihr sind gem. § 46 GmbHG insbesondere die Feststellung des Jahresabschlusses und die Ergebnisverwendung, die Bestellung, Abberufung und Entlastung der Geschäftsführer sowie deren Prüfung und Überwachung vorbehalten.[96]

Aus Gründen der Rechtssicherheit besteht ein hoher Formalisierungsgrad bezüglich der Durchführung der Gesellschafterversammlung (§§ 47-51b GmbHG). Darüber hinausgehende Einzelheiten werden häufig dezidiert in der Satzung festgelegt, um möglichen Konflikten vorzubeugen.[97]

3.2.1.1.2 Mitgliedschaft der Gesellschafter

Die Mitgliedschaft ist ein subjektives Recht, welches die personen- und vermögensrechtliche Stellung des Gesellschafters in der GmbH definiert. Ähnlich wie ein Eigentums- oder Forderungsrecht ist sie belastbar, übertragbar oder kann aufgegeben werden.[98] Das Verhältnis

---

[96] Vgl. DEGENHARDT (2005a), S. 41 f.; KESSLER/SCHIFFERS/TEUFEL (2002), S. 76; KISKER (1992), S. 50; SCHWILDEN (2005), S. 30.

[97] Vgl. DEGENHARDT (2005a), S. 41-43.

[98] Vgl. WIEDEMANN (1988), S. 168 f.

zwischen dem Mitglied und der Gesellschaft wird von einer Vielzahl unterschiedlicher beidseitiger Rechte und Pflichten bestimmt.[99]

Neben dem Anspruch auf Gewinnbeteiligung als zentrales Vermögensrecht hat der Gesellschafter ein Recht auf den Schutz seiner Mitgliedschaft vor einer Verwässerung z. B. durch eine Kapitalerhöhung. Zusätzlich ist er an Rückzahlungen, z. B. durch eine ordentliche Kapitalherabsetzung oder dem Erlös aus der Liquidation zu beteiligen.[100]

Zur Gruppe der Verwaltungsrechte zählen als Mitwirkungsrechte unter anderem das Recht auf die Teilnahme an der Gesellschafterversammlung sowie das Rede- und Stimmrecht während der Versammlung. Als Kontroll- und Informationsrechte können die Auskunftspflicht der Gesellschaft bezüglich deren Angelegenheiten sowie das Einsichtsrecht in deren Bücher und Schriften (§ 51a I GmbHG) genannt werden. Aufgrund des Minderheitenschutzes sind davon abweichende gesellschaftsvertragliche Vereinbarungen unzulässig und können gegebenenfalls gerichtlich durchgesetzt werden (§ 51b GmbHG). Eine Verweigerung der Informationen ist nur zulässig, wenn anzunehmen ist, dass diese zu gesellschaftsfremden Zwecken verwendet werden und der Gesellschaft dadurch ein nicht unerheblicher Nachteil zugefügt wird (§ 51a II GmbHG).[101]

Zu den Hauptpflichten des Gesellschafters gehört die Pflicht zur Leistung seiner Einlage. Neben der allgemeinen Pflicht zur Treue gegenüber der Gesellschaft und seinen Mitgesellschaftern können sog. Nebenleistungspflichten in der Satzung vereinbart werden. Hierzu zählen z. B. die Pflicht zur Darlehensgewährung, die Nachschusspflicht (§§ 26-28 GmbHG), aber auch ein Wettbewerbsverbot des Gesellschafters.[102]

---

[99] Vgl. HIRTE (2003), S. 177.

[100] Vgl. HIRTE (2003), S. 177-182.

[101] Vgl. HAACK (2003), S. 3973; HIRTE (2003), S. 183-190; SCHWARZ (1995), S. 52; STEHLE/STEHLE (2005), S. 39.

[102] Vgl. HAACK (2003), S. 3973 f.; HIRTE (2003), S. 190 f.

3.2.1.1.3 Haftung der Gesellschafter

Prinzipiell haften die Gesellschafter nach wirksamer Erbringung der Stammeinlage und Eintragung der Gesellschaft in das Handelsregister nicht mit ihrem Privatvermögen für die Verbindlichkeiten der Gesellschaft, sondern nur noch das Vermögen der GmbH selbst (§ 13 II GmbHG).[103]

Davon abweichend haben sich in der deutschen Rechtsprechung und der rechtswissenschaftlichen Diskussion jedoch Fallgruppen herausgebildet, bei welchen – entgegen der Regelung des § 13 II GmbHG – eine Durchgriffshaftung in das Privatvermögen der Gesellschafter nachdrücklich erwogen bzw. teilweise sogar befürwortet wird. Es handelt sich dabei um die Fallkonstellationen der Vermögensvermischung, der Sphärenvermischung, des Institutsmissbrauchs, der Unterkapitalisierung und der Beherrschungslage.[104] Während eine Durchgriffshaftung im Fall der Sphärenvermischung überwiegend abgelehnt wird, werden die Durchgriffstatbestände des Institutionsmissbrauchs, der materiellen Unterkapitalisierung sowie der Beherrschungslage kontrovers diskutiert.[105] So lässt sich nur bei der sog. qualifizierten Unterkapitalisierung[106] ein Haftungsdurchgriff in das Privatvermögen der Gesellschafter rechtfertigen. Von Rechtsprechung und Rechtslehre übereinstimmend befürwortet wird die Durchgriffshaftung im Fall der Vermögensvermischung, bei welcher das Vermögen der Gesellschafter nicht sorgfältig von dem der Gesellschaft getrennt ist. Das Vorliegen einer intransparenten Buchführung oder andere Verschleierungstaktiken so-

---

[103] Vgl. LÜHRSEN (2005), S. 71; SCHWARZ (1995), S. 75.

[104] Vgl. DEGENHARDT (2005b), S. 54; LÜHRSEN (2005), S. 71; ausführlich SIEBERT (2004), S. 105-143.

[105] Vgl. DEGENHARDT (2005b), S. 56; SIEBERT (2004), S. 138, 142 f.

[106] Dies ist „eine eindeutig und klar erkennbar unzureichende Eigenkapitalausstattung der Gesellschaft, die einen Misserfolg zulasten der Gläubiger bei normalem Geschäftsverlauf mit hoher Wahrscheinlichkeit erwarten lässt". DEGENHARDT (2005b), S. 55. Vgl. auch HAACK (2003), S. 3975.

wie die Veranlassung bzw. Zulassung der Vermischung durch den Gesellschafter können für eine Durchgriffshaftung bereits ausreichend sein.[107]

Natürlich kann es jederzeit auch zu einer deliktischen Haftung der Gesellschafter (§ 823 I und II, § 826 BGB) bzw. eine Haftung aufgrund anderer strafrechtlich relevanter Tatbestände kommen.[108]

3.2.1.2 Geschäftsführer

3.2.1.2.1 Bestellung und Abberufung des Geschäftsführers

Bereits in der Gründungsphase muss die GmbH über mindestens einen Geschäftsführer verfügen, welcher die Gesellschaft im Rechtsverkehr vertreten und sie dadurch handlungsfähig machen kann (§§ 6 I, 35 GmbHG). Der Geschäftsführer ist entweder im Gesellschaftsvertrag (§ 6 III 2 GmbH) oder durch einfachen Gesellschafterbeschluss (§ 46 Nr. 5 GmbHG) zu bestellen.[109] Die Bestellung im Gesellschaftsvertrag ist allerdings problematisch, da in diesem Fall jeder Geschäftsführerwechsel eine notariell zu beurkundende Satzungsänderung erfordert (§ 53 II GmbHG).[110]

Zum Geschäftsführer kann jede natürliche, unbeschränkt geschäftsfähige Person bestellt werden, sofern sie in den letzten fünf Jahren nicht wegen Insolvenzstraftaten gem. §§ 283-283d StGB verurteilt oder ihr die

---

[107] Vgl. DEGENHARDT (2005b), S. 55 f.; LÜHRSEN (2005), S. 72; SIEBERT (2004), S. 142 f.

[108] Vgl. EBERT/LEVEDAG (2003), S. 1340; LÜHRSEN (2005), S. 71.

[109] Vgl. CAMPOS NAVE (2004), S. 4063; HÖRETH/SCHIEGL (2004), S. 4; KESSLER/SCHIFFERS/TEUFEL (2002), S. 76; KISKER (1992), S. 40 f.

[110] Vgl. HAACK (2003), S. 3967; LÜHRSEN (2005), S. 79; SCHWILDEN (2005), S. 17 f.

Berufsausübung untersagt wurde. Eine Beteiligung an der Gesellschaft ist nicht erforderlich (§ 6 II und III GmbHG).[111]

Für die Erlangung der Organstellung ist ein Dienstvertrag – im Gegensatz zum Bestellungsbeschluss – keine notwendige Voraussetzung. Vielmehr regelt er die zivil-rechtlichen Rechte und Pflichten zwischen dem Geschäftsführer und der Gesellschaft.[112]

Die Abberufung des Geschäftsführers von seinem Amt ist jederzeit, ohne das Vorliegen bzw. die Angabe eines wichtigen Grundes oder einer Anhörung des Geschäftsführers, möglich (§ 38 I GmbHG). Grundsätzlich entscheidet das Organ, welches den Geschäftsführer bestellt hat – in der Regel ist dies die Gesellschafterversammlung – über dessen Abberufung (§ 46 Nr. 5 GmbHG i. V. m. § 47 GmbHG). Die Abberufung hat auf den Fortbestand des Dienstvertrags keine Auswirkung.[113]

3.2.1.2.2 Leitungsbefugnisse, Rechte und Pflichten des Geschäftsführers

Die Geschäftsführer sind das zur Geschäftsführung und Vertretung berufene Organ der GmbH (§ 35 GmbHG). Sind mehrere Geschäftsführer bestellt, vertreten diese die Gesellschaft i. d. R. gemeinsam. Im Gesellschaftsvertrag können abweichende Regelungen zur Einzelvertretungsbefugnis getroffen werden, was speziell Gesellschafter-Geschäftsführern anzuraten ist.[114]

---

[111] Vgl. LÜHRSEN (2005), S. 79; SCHMIDT-TIEDEMANN (2004), S. 79, 81; SCHWILDEN (2005), S. 15 f.

[112] Vgl. KESSLER/SCHIFFERS/TEUFEL (2002), S. 76; SCHWILDEN (2005), S. 18.

[113] Vgl. CAMPOS NAVE (2004), S. 4063; SCHMIDT-TIEDEMANN (2004), S. 130; SCHWILDEN (2005), S. 132 f.

[114] Vgl. KESSLER/SCHIFFERS/TEUFEL (2002), S. 76; SCHMIDT-TIEDEMANN (2004), S. 60, 173; SCHWILDEN (2005), S. 29, 33.

Eine Beschränkung der Vertretungsmacht mit Außenwirkung gegenüber Dritten ist – ebenso wie eine sachliche oder örtliche Aufteilung – grundsätzlich unwirksam (§ 37 II GmbHG) und kann i. d. R. auch nicht durch im Innenverhältnis bestehende Regelungen begrenzt werden. Eine Ausnahme bildet das Selbstkontrahierungsverbot (§ 181 BGB), von welchem der Geschäftsführer durch Aufnahme einer entsprechenden Klausel in der Satzung befreit werden kann.[115]

Der sachliche Umfang der Geschäftsführung wird zunächst durch die in § 46 GmbHG aufgeführten Aufgaben der Gesellschafter beschränkt. Darüber hinaus kann die Geschäftsführungsbefugnis – mit Ausnahme bestimmter gesetzlicher Vorschriften – insbesondere durch den satzungsmäßigen Unternehmensgegenstand, den Gesellschaftsvertrag oder einen Gesellschafterbeschluss begrenzt aber auch erweitert werden. Es besteht ein Weisungsrecht der Gesellschafter, dem der Geschäftsführer zu folgen hat (Folgepflicht).[116]

Neben der allgemeinen Sorgfaltspflicht eines ordentlichen Kaufmanns (§ 43 I GmbHG) unterliegt der Geschäftsführer einer Reihe weiterer gesetzlich vorgeschriebener Pflichten. Diese umfassen u. a. die Aufstellung des Jahresabschlusses (§ 264 I HGB), die Sicherstellung einer ordnungsgemäßen Buchführung, die Einreichung der Gesellschafterliste beim Handelsregister, die Einberufung der Gesellschafterversammlung, die Bewahrung des Stammkapitals vor verbotenen Auszahlungen, die Verhinderung des verbotenen Eigenerwerbs von Anteilen und die Eröffnung des Insolvenzverfahrens bei Zahlungsunfähigkeit oder Überschuldung (§§ 30, 33, 40, 41, 49 I, 64 I GmbHG).[117]

---

[115] Vgl. KESSLER/SCHIFFERS/TEUFEL (2002), S. 76; LÜHRSEN (2005), S. 82; SCHWILDEN (2005), S. 29 f., 35.

[116] Vgl. KESSLER/SCHIFFERS/TEUFEL (2002), S. 76; LÜHRSEN (2005), S. 82; SCHWILDEN (2005), S. 36 f., 40.

[117] Vgl. KISKER (1992), S. 42; LÜHRSEN (2005), S. 81 f.

3.2.1.2.3 Haftung des Geschäftsführers

Die potentiellen Haftungsrisiken des GmbH-Geschäftsführers spielen in der Rechtspraxis eine bedeutende Rolle. Überschreitet ein Geschäftsführer seine Geschäftsführungsbefugnis, so haftet er der Gesellschaft nach den Vorschriften des § 43 GmbHG. Zusätzlich zu der Haftung für Pflichtverletzungen aus dem organschaftlichen Sonderverhältnis haftet der Geschäftsführer auch im Rahmen seines Dienstverhältnisses (§ 276 BGB). Verfügt die GmbH über mehrere Geschäftsführer, so haften diese solidarisch für den entstandenen Schaden, selbst wenn dieser – z. B. aufgrund einer Geschäftsverteilung – nicht in ihrem Zuständigkeitsbereich entstanden ist (§ 43 II GmbHG).[118]

Neben den Gesellschaftern steht das Privatvermögen des Geschäftsführers als Haftungsmasse im Mittelpunkt des Interesses, wenn es Gläubigern darum geht, einen endgültigen Forderungsausfall zu vermeiden. Die persönliche Haftung des Geschäftsführers ist jedoch nur in Ausnahmefällen gegeben, z. B. vor dem Hintergrund der Insolvenzverschleppung und Verminderung der Insolvenzmasse (§ 84 I Nr. 2 GmbHG), des Verschuldens bei Vertragsverhandlungen (culpa in contrahendo; § 311 II und III BGB), der Delikthaftung (§ 832 II BGB) sowie ggf. wegen der Befolgung fehlerhafter Weisungen (§ 43 III GmbHG).[119] Der Geschäftsführer haftet aufgrund des Trennungsprinzips jedoch nicht für die Verbindlichkeiten der Gesellschaft (§ 13 II GmbHG).

---

[118] Vgl. KISKER (1992), S. 43 f.; SCHWARZ (1995), S. 54; SCHWILDEN (2005), S. 56, 70; SUDHOFF/ SUDHOFF (1994), S. 137, 141.

[119] Vgl. KISKER (1992), S. 45-50; LUTTER (1997), S. 331-334; SCHWILDEN (2005), S. 56, 71-77; SUDHOFF/ SUDHOFF (1994), S. 144.

3.2.1.3 Aufsichtsrat

Die Bestellung eines Aufsichtsrats ist bei der GmbH – anders als bei der Aktiengesellschaft (AG) – gesetzlich nicht zwingend erforderlich. Allerdings kann sich aufgrund der Arbeitnehmermitbestimmungsregeln oder der Satzung der Gesellschaft die Verpflichtung zu seiner Einrichtung ergeben.[120] In diesem Fall kommt es bei der GmbH nach § 52 I GmbHG zur Anwendung zahlreicher aktienrechtlicher Vorschriften. So haften beispielsweise die Mitglieder des Aufsichtsrates – analog zu den Vorstandsmitgliedern einer AG – bei Verletzung ihrer Sorgfaltspflicht gegenüber der Gesellschaft (§§ 116, 93 AktG). In der Praxis hat der freiwillig gebildete Aufsichtsrat oder Verwaltungs- bzw. Beirat einen hohen Stellenwert als Beratungs- und Kontrollorgan.[121]

3.2.2 Organisationsverfassung der Limited

Organisation und Verfassung der Ltd. bestimmen sich nach dem Gesellschaftsstatut und somit nach englischem Recht. Die Gesellschaft verfügt demnach grundsätzlich über drei Organe: die Gesellschafterversammlung (*general meeting*), die Geschäftsführung (*board of directors*) und den *company secretary*. Die dargestellte Rechtslage entspricht in weiten Teilen der Mustersatzung. Es können jedoch abweichende – auf die subjektiven Bedürfnisse der Gesellschaft ausgerichtete – Regelungen getroffen werden.[122]

---

[120] Zur Mitbestimmung siehe im einzelnen Kapitel 3.3.1.

[121] Vgl. HIRTE (2003), S. 120; KESSLER/SCHIFFERS/TEUFEL (2002), S. 76; MELLERT/VERFÜRTH (2005), S. 87; MOHR (2001), S. 86; SCHMIDT-TIEDEMANN (2004), S. 60.

[122] Vgl. MELLERT/VERFÜRTH (2005), S. 109; O. V. (2005a), S. 70; sowie Anhang 3, Anhang 7 und Anhang 8.

3.2.2.1 Members und general meeting

3.2.2.1.1 Zuständigkeit des *general meeting*

Die *members* einer Ltd. handeln durch das *general meeting*, das maßgebliche Willensbildungsorgan der Gesellschaft. *Members* können sowohl natürliche als auch juristische Personen sein.[123]

In den Zuständigkeitsbereich des *general meeting* fallen u. a. die Bestätigung des Jahresabschlusses und des Geschäftsberichts, die Bestellung und Abberufung der *directors*, die Änderung der Firmenbezeichnung (Sec. 28 CA) sowie des *memorandum* und der *articles of association*, die Genehmigung von langfristigen Dienstverträgen der *directors* (Sec. 319 CA) sowie die Beschlussfassung über Kapitalmaßnahmen oder die Auflösung der Gesellschaft.[124]

Der Formalisierungsgrad bezüglich der Durchführung des *general meetings* wird im Wesentlichen in den *articles of association* bestimmt. Einmal jährlich ist eine ordentliche Gesellschafterversammlung (*annual general meeting*) abzuhalten (Sec. 366 CA).[125] Darüber hinaus können sog. außerordentliche Gesellschafterversammlungen (*extraordinary general meetings*) einberufen werden. Jedes abgehaltene *general meeting* und die darin gefassten Beschlüsse sind vom *company secretary* zu protokollieren. Eine Abschrift des Protokolls ist beim *Companies House* in englischer Sprache einzureichen (Sec. 380 CA).[126]

---

[123] Vgl. FRÈRE/JÄGER (2005), S. 64; LUKE (2005), S. 40; MELLERT/VERFÜRTH (2005), S. 109; O. V. (2005a), S. 94.

[124] Vgl. JUST (2005), S. 20; LUKE (2005), S. 40 f.; O. V. (2005a), S. 94.

[125] Vgl. JUST (2005), S. 20; MELLERT/VERFÜRTH (2005), S. 109; O. V. (2005a), S. 110.

[126] Vgl. BRÖDER (2005), S. 303; JUST (2005), S. 21 f.; KASOLOWSKI (2005), S. 134.

3.2.2.1.2 Mitgliedschaft der members

Für die *members* ergeben sich regelmäßig nachfolgende Rechte, welche durch entsprechende Vorschriften in den *articles of association* ergänzt werden können.[127]

Zu den wichtigsten Rechten im Rahmen der Mitgliedschaftsrechte gehören die Teilnahme an den *general meetings* sowie das dort auszuübende Rede- und Stimmrecht (Sec. 370 CA). Bezüglich des Auskunftsrechts bestehen im englischen Recht keine ausdrücklichen Regelungen. Nach *common law* wird den *members* der Ltd. im Rahmen des *annual general meeting* jedoch ein Fragerecht gegenüber der Geschäftsführung zugestanden.[128] Darüber hinaus sind die Informations- und Einsichtsrechte der *members* stark eingeschränkt (Sec.s 238 I, 239 I CA sowie Secs. 19 I, 318 VII, 319 V CA).[129]

Ein Grundrecht der *members* besteht in dem Recht auf eine faire Behandlung durch die Gesellschaft. Eine ungerechte Benachteiligung (*unfair prejudice*) kann gerichtlich angegriffen werden (Sec.s 459 I, 461 CA). Bei Erfüllung der notwendigen Voraussetzungen haben die *members* einen Anspruch auf die Ausschüttung von Gewinnen.[130]

Das Gesetz sieht für das *general meeting* umfassende Geschäftsführungs- und Vertretungsrechte vor. In der Mustersatzung werden diese Rechte jedoch weitestgehend den *directors* zugesprochen (§ 70 Appendix 2 CA Table A), so dass die *members* in der Praxis – abgesehen von der

---

[127] Vgl. JUST (2005), S. 25.

[128] Vgl. FARRAR (1998), S. 308, 310 f.; GOWER/DAVIES (2003), S. 583; WITT (2000), S. 263.

[129] Vgl. WENDT (2004), S. 57.

[130] Vgl. JUST (2005), S. 25 f.; O. V. (2005a), S. 95.

Möglichkeit die *directors* abzuberufen (Sec. 303 CA) – nur über einge-schränkte Kontrollbefugnisse gegenüber diesen verfügen.[131]

Zu den Pflichten des *members* gehört insbesondere die Erbringung der geschuldeten Einlage.[132]

3.2.2.1.3 Haftung der *members*

Die *members* haften nach englischem Recht grundsätzlich nicht für die Verbindlichkeiten der Gesellschaft. Lediglich im Falle einer Liquidation haften sie bis zur Höhe der noch nicht erbrachten Kapitaleinlage (Sec. 74 II d IA). Die Haftungsbeschränkung tritt – anders als im deutschen Recht – nicht kraft Gesetz sondern durch Aufnahme einer entsprechen-den Klausel in das *memorandum* (Sec. 2 III CA) ein.[133]

Im Laufe der Zeit haben sich allerdings sehr eng begrenzte Ausnahme-fälle herausgebildet, in denen ein Haftungsdurchgriff (*piercing of* bzw. *lifting the corporate veil*) nach englischem Recht möglich ist. Demnach greift eine Haftung beispielsweise bei Vorlage eines Rechtsformmiss-brauchs oder eines betrügerischen Handelns. Die englische Spruchpra-xis geht mit der Gewährung von diesbezüglichen Haftungsansprüchen jedoch sehr zurückhaltend um.[134]

Es ist bisher noch unklar, inwieweit für bestimmte Fallgruppen neben der Haftung nach englischem Recht auch eine persönliche Haftung nach deutschem Recht durchsetzbar ist. Nach herrschender Meinung

---

[131] Vgl. JUST (2005), S. 20; MELLERT/VERFÜRTH (2005), S. 109; WENDT (2004), S. 160. Demnach besteht z. B. auch kein allgemeines Weisungsrecht der *members* gegenüber den *directors*. Vgl. SCHWILDEN (2005), S. 52; WENDT (2004), S. 148.

[132] Vgl. LUKE (2005), S. 45.

[133] Vgl. JUST (2005), S. 16, 38; O. V. (2005a), S. 97 f.; SCHUMANN (2004), S. 743.

[134] Vgl. FLEISCHER (2000), S. 1017; HAPP/HOLLER (2004), S. 734; JUST (2005), S. 17; MELLERT/ VERFÜRTH (2005), S. 113; O. V. (2005a), S. 97 f.; WÄLZHOLZ (2005), S. 425.

stellt die Haftung aufgrund einer Unterkapitalisierung oder einer Vermögensvermischung eine unzulässige Beschränkung der Niederlassungsfreiheit dar und ist i. d. R. nicht auf die Ltd. übertragbar.[135] Die Haftung aufgrund eines existenzvernichtenden Eingriffs hingegen ist umstritten.[136] Nach überwiegender Auffassung ist die Haftung als gesellschaftsrechtlich zu qualifizieren, was eine Anwendung ausschließen würde.[137] Andererseits ist aber auch eine insolvenzrechtliche Einordnung denkbar, wonach eine Haftung in Betracht käme.[138]

Sofern die Voraussetzungen einer deliktischen Haftung gem. §§ 826, 823 II BGB i. V. m. § 263 ff. StGB erfüllt sind, findet nach Art. 40 EGBGB deutsches Recht Anwendung.[139] Gesellschaftsrechtliche Vorfragen sind nach englischem Recht zu klären.[140]

3.2.2.2 Director

3.2.2.2.1 Bestellung und Abberufung des director

Das englische Gesellschaftsrecht unterscheidet grundsätzlich zwischen der Bestellung des directors bei Gründung der Gesellschaft und der Be-

---

[135] Vgl. GOETTE (2005), S. 200; FORSTHOFF/SCHULZ (2005), S. 457-459; O. V. (2005a), S. 98 f.

[136] Generell dafür z. B. BORGES (2004), S. 733 f.; KINDLER (2003), S. 1088-1090; LIEDER (2005), S. 406; PAEFGEN (2003), S. 491; dagegen SCHUMANN (2004), S. 743.

[137] Vgl. GOETTE (2005), S. 200 f.; LUKE (2005), S. 40.

[138] Vgl. ausführlich FORSTHOFF/SCHULZ (2005), S. 459-462; LIEDER (2005), S. 406; O. V. (2005a), S. 99.

[139] Vgl. LIEDER (2005), S. 407 f.; ULMER (2004), S. 1207 f.; EIDENMÜLLER/REHM (2004), S. 182; WACHTER (2003), S. 1257.

[140] Vgl. BAYER (2003), 2364 f.; JUST (2005), S. 17; O. V. (2005a), S. 99 f.; RIEGGER (2005), S. 525 f.

stellung im weiteren Geschäftsverlauf.[141] Während die ersten *directors* der Gesellschaft durch Aufnahme in die *articles of association* oder die Eintragung in *Form 10* benannt werden,[142] werden nachfolgende directors entweder von der Gesellschafterversammlung oder durch die Ernennung von dem *board of directors* bestellt (*Form 288A*).[143] Die Bestellung durch das *board* ist insofern einfacher, da keine gesondertes *general meeting* einberufen werden muss. Eine Bestätigung auf dem nächsten *general meeting* ist ausreichend Die Bestellung ist i. d. R. auf drei Jahre befristet, eine Wiederwahl ist möglich (Sec. 319 CA). Der *director* muss jeder Bestellung ausdrücklich zustimmen.[144]

Eine den Eignungsvoraussetzungen des § 6 II GmbHG äquivalente Regelung gibt es im englischen Recht – mit Ausnahme des CDDA – nicht. Demnach kann jede solvente, geschäftsfähige Person – auch juristische Personen oder Minderjährige –, die nicht vom *Companies House* disqualifiziert wurde, zum *director* einer Ltd. bestellt werden. Zumeist ist der *director* gleichzeitig *member* der Ltd. Eine Fremdorganschaft ist – wie bei der GmbH – dennoch nicht ausgeschlossen.[145]

Wie im deutschen Recht ist die Bestellung des *directors* von dessen Anstellung zu differenzieren. Bei der in Deutschland ansässigen Ltd. richtet sich das anwendbare Recht des Dienstvertrags (*service contract*) nach deutschem internationalen Privatrecht. Gem. Art. 27 EGBGB haben beide Parteien dabei die freie Rechtswahl. Sollten sie von diesem Recht keinen Gebrauch machen, kommt es darauf an, ob der *director*

---

[141] Vgl. SCHWILDEN (2005), S. 20.

[142] Siehe Anhang 9 sowie SCHMIDT-TIEDEMANN (2004), S. 100.

[143] Vgl. WACHTER (2004b), S. 2799; Table A, Art. 76-79 (Anhang 8); sowie Anhang 11.

[144] Vgl. *Form 288a*; JUST (2005), S. 29; O. V. (2005a), S. 71; SCHMIDT-TIEDEMANN (2004), S. 102.

[145] Vgl. HARTMANN (2005), S. 23; O. V. (2005a), S. 73; SCHWILDEN (2005), S. 26 f.

als Arbeitnehmer (Art. 30 EGBGB) zu klassifizieren ist oder nicht (Art. 28 EGBGB).[146]

Nach englischem Recht existieren drei Möglichkeiten, die Stellung des *directors* zu beenden: die Amtsniederlegung (*resignation*; reg. 81d Table A), die Abberufung durch die *members* (*removal*; Sec. 303 CA) sowie die Disqualifikation.[147] Der Dienstvertrag besteht bis zu seiner Kündigung oder dem Auslaufen des Vertrages weiter.[148]

3.2.2.2.2 Leitungsbefugnisse, Rechte und Pflichten des *director*

Die Ltd. verfügt über mindestens einen *director* (Sec. 282 III CA), welcher – anders als bei der GmbH – nicht als Organ der Gesellschaft qualifiziert wird, sondern als sog. Treuhänder fungiert.[149] Sind mehrere *directors* bestellt, bilden diese das *board of directors,* welches die Ltd. im Rechtsverkehr vertritt (Gesamtvertretung).[150] Die Aufgabe des *boards* besteht – im Rahmen der durch das Gesetz oder die *articles of association* erhaltenen Befugnisse – in der Geschäftsführung und der Vertretung der Gesellschaft nach außen.[151] Grundsätzlich kann zwischen geschäftsführenden (*executive*) und nicht-geschäftsführenden (*non-executive*) *directors* unterschieden werden, wobei Letztere eine Funktion

---

[146] Vgl. O. V. (2005a), S. 71, 74 f.; SCHWILDEN (2005), S. 28.

[147] Zu den Gründen einer *disqualification* siehe FLEISCHER (2000), S. 1018; LANZIUS (2004), S. 297.

[148] Vgl. O. V. (2005a), S. 74; SCHMIDT-TIEDEMANN (2004), S. 135; SCHWILDEN (2005), S. 140 f.

[149] Die Mustersatzung hingegen (Art. 64 Table A) sieht für die Ltd. zwei *directors* vor. Vgl. JUST (2005), S. 33 f.; O. V. (2005a), S. 72; RHODE (2006), S. 25.

[150] Vgl. FLORE/SCHWEDTMANN (2000), S. 132; FRÈRE/JÄGER (2005), S. 70; WACHTER (2004b), S. 2799.

[151] Das englische Recht nimmt i. d. R. keine Trennung zwischen dem Innen- und Außenverhältnis vor. Vgl. BEHRENS (1997), S. 864.

vergleichbar mit der des Aufsichtsrats einer deutschen AG einneh-men.[152]

Die Vertretungsmacht ist gesetzlich nicht festgelegt, so dass sie durch entsprechende Regelungen im *memorandum* bzw. den *articles of association* begrenzt werden muss. Ohne eine entsprechende Klausel besteht keine Weisungsgebundenheit der *directors*. Die sog. „*ultra-vries*"-*doctrine* beschränkt darüber hinaus die Geschäftsführungsbefugnis des *directors*. Kommt es zu einer Überschreitung der internen Einschrän-kungen, ist die Vertretung der Ltd. im Außenverhältnis (Sec. 35A CA) trotz allem wirksam.[153]

Die Geschäftsführung umfasst alle internen Verwaltungsaufgaben der Ltd. Die *directors* unterliegen bei deren Ausübung einer besonderen ob-jektiven Sorgfalts- und Treuepflicht gegenüber der Gesellschaft (Sec. 310 CA).[154]

Neben diesen Pflichten sowie den davon unabhängigen Pflichten aus dem Dienstvertrag unterliegen die *directors* einer Reihe gesetzlicher Vorschriften. Diese umfassen u. a. zahlreiche Informationspflichten, die Pflicht zur Sicherstellung einer ordnungsgemäßen Rechnungslegung sowie die zeitgerechte Erstellung und Einreichung der erforderlichen Dokumente beim *Companies House*. Eine Verletzung dieser gesetzlichen Pflichten wird im englischen Recht konsequenter und mit höheren Geldstrafen geahndet als in Deutschland.[155]

---

[152] Vgl. JUST (2005), S. 30; MELLERT/VERFÜRTH (2005), S. 110; MICHALSKY (1991), S. 1661.

[153] Vgl. FRÈRE/JÄGER (2005), S. 70; MELLERT/VERFÜRTH (2005), S. 111, 114; O. V. (2005a), S. 82; SCHWILDEN (2005), S. 42-44.

[154] Vgl. EBERT/LEVEDAG (2003), S. 1337, 1342; HEINZ (2004), S. 26; ausführ-lich JUST (2005), S. 34 f.; SCHWILDEN (2005), S. 53-55.

[155] Vgl. HARTMANN (2005), S. 23; JUST (2005), S. 33-36; O. V. (2005a), S. 74, 80 f.; SILBERBERGER/ BUHL (2004), S. 17 f.

3.2.2.2.3 Haftung des *director*

Die persönliche Haftung des *directors* richtet sich im Grundsatz nach englischem Recht. Ebenso wie im deutschen Recht lässt sich dabei zwischen der Haftung gegenüber der Gesellschaft (Innenhaftung) und der Haftung gegenüber Dritten (Außenhaftung) differenzieren. Eine Haftung gegenüber den *members* sowie die persönliche Haftung des *directors* für die Verbindlichkeiten der Ltd. scheidet dabei grundsätzlich aus.[156]

Der *director* haftet bei Verletzung seiner gesetzlichen oder vertraglichen Pflichten der Gesellschaft gegenüber persönlich. Eine in den *articles of association* oder dem Dienstvertrag vereinbarte Freistellung des *directors* – beispielsweise von der Schadenersatzpflicht bei Verletzung seiner Treue- und Sorgfaltspflicht[157] – ist nicht zulässig (Sec. 310 CA).[158]

Eine persönliche Haftung des *directors* gegenüber Dritten kommt nach englischem Recht in den Fällen des Missbrauchs der Vertretungsmacht (Sec.s 35, 35A CA), der fehlenden gesetzlichen Eignung (*disqualification*; Sec. 15 CDDA) sowie der Insolvenz (Sec.s 213-215 IA) in Betracht.[159] Im Zusammenhang mit der Insolvenz besteht nach den Tatbeständen des *wrongful trading* (Sec. 214 IA)[160] sowie des *fraudulent trading* (Sec. 213 IA)[161] die Möglichkeit einer Durchgriffshaftung.[162]

---

[156] Vgl. JUST (2005), S. 38; MELLERT/VERFÜRTH (2005), S. 113; O. V. (2005a), S. 82 f.; SCHRÖDER/ SCHNEIDER (2005), S. 1289.

[157] Vgl. BINNEWIES (2004), S. 210; O. V. (2005a), S. 82 f.; SCHRÖDER/SCHNEIDER (2005), S. 1290 f.

[158] Vgl. LÜHRSEN (2005), S. 76; LUKE (2005), S. 37-39; MELLERT/VERFÜRTH (2005), S. 113; o. V. (2005a), S. 82.

[159] Vgl. LUKE (2005), S. 38 f.; RHODE (2006), S. 29.

[160] Vgl. EBERT/LEVEDAG (2003), S. 1340; HAPP/HOLLER (2004), S. 733 f.

[161] Siehe dazu ausführlich FLEISCHER (2000); S. 1018; KALLMEYER (2004), S. 639.

[162] Vgl. insbesondere LANZIUS (2004), S. 297 f.; LIEDER (2005), S. 408; MAUL/SCHMIDT (2003), S. 2297; MELLERT/VERFÜRTH (2005), S. 114.

Die Anwendung der deutschen Haftungsvorschriften kommt nur im Einzelfall bei missbräuchlichem oder betrügerischem Verhalten, Steuerverbindlichkeiten der Ltd. (§§ 34, 69 AO) oder Bezug der haftungsbegründenden Norm zum Zivilrecht in Betracht.[163]

3.2.2.3 Company secretary

Als drittes obligatorisches Organ ist der *company secretary* zu nennen (Sec. 283 CA),[164] für welchen es keine vergleichbare Position im deutschen Gesellschaftsrecht gibt.[165] Die Bestellung und Abberufung des *company secretary* erfolgt i. d. R. durch das *board of directors*.[166] Zum *secretary* kann auch ein *director*, sofern er nicht alleiniger *director* ist, ein Ausländer oder eine juristische Person bestellt werden (Sec. 283 II CA).[167]

Die Aufgaben des *company secretary* umfassen u. a. die Protokollführung und Überwachung von Formalien bei Versammlungen, die Vorbereitung und Unterzeichnung des *annual returns* sowie von Mitteilungen an den *registrator*, die Benachrichtigung von Gesellschaftern und das Führen der *statutory register*.[168]

---

[163] Vgl. JACHMANN/KLEIN (2005), S. 379; HESS (1994), S. 828; LUKE (2005), S. 39; O. V. (2005a), S. 84; SCHRÖDER/SCHNEIDER (2005), S. 1289; WÄLZHOLZ (2005), S. 425.

[164] Vgl. HECKSCHEN (2004), S. R025; LUKE (2005), S. 43; SHEARMAN (1992), S. 154.

[165] Vgl. GAGEUR (2004/2005), S. 19; HEINZ (2004), S. 27; JUST (2005), S. 44; MAUL/SCHMIDT (2003), S. 2298; MICHALSKY (1991), S. 1661.

[166] Vgl. FRÈRE/JÄGER (2005), S. 69; LUKE (2005), S. 44.

[167] Vgl. BRÖDER (2005), S. 302; HEINZ (2004), S. 27; KASOLOWSKI (2005), S. 133; KISKER (1992), S. 74; SILBERBERGER/BUHL (2005), S. 16; SHEARMAN (1992), S. 154.

[168] Sec.s 288, 352, 325, 407 CA. Vgl. EBERT/LEVEDAG (2003), S. 1341; FRÈRE/JÄGER (2005), S. 69; HEINZ (2004), S. 27; HÖRETH/SCHIEGL (2004), S. 5; KASOLOWSKY (2005), S. 132; LUKE (2005), S. 43 f.; MAUL/SCHMIDT (2003), S. 2298; SHEARMAN (1992), S. 154.

Es gibt keine gesetzlichen Vorschriften bezüglich der Notwendigkeit einer speziellen fachlichen Qualifikation der Person des *company secretary*.[169] Aufgrund der rechtlichen Besonderheiten der Ltd. hat es sich in der Praxis als ratsam erwiesen, einen Steuerberater, Rechtsanwalt oder Wirtschaftsprüfer mit den Aufgaben des *company secretary* zu betrauen.[170]

3.2.3 Zwischenfazit

Im Bereich der Organisationsverfassung verfügt die Ltd. in Deutschland über einen eindeutigen Nachteil gegenüber der GmbH. Dieser resultiert insbesondere aus der mangelnden Kenntnis deutscher *members* und *directors* bezüglich der Organe der Ltd., deren Leitungsbefugnis, Rechten und Pflichten sowie der Art der Willensbildung und des Minderheitenschutzes.[171]

So unterscheidet das englische Recht beispielsweise zwischen der Bestellung eines *directors* bei Gründung der Ltd. und der Bestellung zu einem späteren Zeitpunkt. Die Bestellung kann dabei sowohl durch das *general meeting* als auch das *board of directors* erfolgen. Die Bestellungskompetenz bei der GmbH hingegen liegt ausschließlich bei den Gesellschaftern und erfolgt entweder in der Satzung oder durch Gesellschafterbeschluss.[172]

---

[169] Vgl. FRÈRE/JÄGER (2005), S. 69; LUKE (2005), S. 44; anders die Vorschriften für die *public company* welche genaue Qualifikationen fordern; siehe Sec. 286 CA.

[170] Vgl. HAPP/HOLLER (2004), S. 735; LOVELLS (2003), S. 6; SHEARMAN (1992), S. 154; V. BERNSTORFF (2004), S. 502.

[171] Vgl. KALLMEYER (2004), S. 637 f.

[172] Vgl. SCHMIDT-TIEDEMANN (2004), S. 101 f.; SCHWILDEN (2005), S. 20, 27.

Ein weiterer Nachteil der Ltd. besteht in der teilweise erheblichen Beschränkung der den *members* zugebilligten Informationen im Gegensatz zu den umfassenden Informationsrechten der GmbH-Gesellschafter.[173]

Für den Unternehmer besteht bei der Wahl der Ltd. als Rechtsform ein erhöhtes Risiko der Durchgriffshaftung nach englischem Recht. Eine kompetente Beratung durch einen mit dem englischen Gesellschafts- und Insolvenzrecht vertrauten Sachverständigen ist daher dringend anzuraten.[174]

Hinzu kommt der Aufwand in Verbindung mit der Protokollierung der *general meetings* und sonstigen Gesellschafterbeschlüsse in englischer Sprache und die Übersendung entsprechender Kopien an das *Companies House*.[175]

Die nicht unerheblichen Nachteile verbunden mit der Organisationsverfassung der Ltd. führen dazu, dass nur Unternehmen mit einfachen Organisationsstrukturen – wie der Einpersonen-Gesellschaft – die Wahl dieser Rechtsform anzuraten ist.[176]

3.3 Mitbestimmung

3.3.1 GmbH

Der Umfang der Unternehmensmitbestimmung innerhalb einer GmbH knüpft in verschiedenen Gesetzen an die Rechtsform, die Anzahl der

---

[173] Vgl. WENDT (2004), S. 106 f.

[174] Vgl. HAPP/HOLLER (2004), S. 734.

[175] Vgl. EBERT/LEVEDAG (2003), S. 1342; KALLMEYER (2004), S. 637 f.

[176] KALLMEYER (2004), S. 638.

Beschäftigten, aber auch den Wirtschaftszweig an, in welchem das Unternehmen tätig ist.[177]

Gem. § 1 I Nr. 3 DrittelbG[178] muss eine GmbH, welche regelmäßig mehr als 500 Arbeitnehmer beschäftigt, einen Aufsichtsrat bilden.[179] Dessen Größe, Zusammensetzung, Rechte und Pflichten bestimmen sich nach den aktienrechtlichen Regelungen.[180] Verzeichnet eine GmbH i. d. R. mehr als 1.000 Arbeitnehmer und gehört zur Montanindustrie, finden gem. § 1 II Montan-MitbestG und § 1 Montan-MitBestErgG die entsprechenden Regelungen zur Mitbestimmung ihre Anwendung.[181] Fällt eine GmbH nicht unter das Montan-MitbestG, beschäftigt jedoch regelmäßig mehr als 2.000 Arbeitnehmer, so gelten gem. § 1 I MitbestG die Vorschriften des MitbestG.[182]

Von der unternehmerischen Mitbestimmung nach den Mitbestimmungsgesetzen zu unterscheiden ist die im BetrVG verankerte betriebliche Mitbestimmung. Während Erstgenannte an die rechtliche Organisationsstruktur anknüpft, gilt im Bereich des BetrVG das so ge-

---

[177] Vgl. KAMP (2004), S. 1497; KÖNIG/SURETH (2002), S. 39; LOVELLS (2003), S. 14; LÜHRSEN (2005), S. 103; sowie Anhang 4.

[178] Vormals §§ 76-87a BetrVG 1952; siehe dazu auch BOEWER/GAUL/OTTO (2004), S. 1065; KAMP (2004), S. 1497; WACHTER (2005a), S. 730.

[179] Von der Mitbestimmung ausgenommen sind Unternehmen gem. § 1 II Nr. 2 DrittelbG.

[180] § 90 III, IV, V 1 und 2, §§ 95-114, 116, 118 II, § 125 III und IV, §§ 170,171, 268 II AktG. Demnach setzt sich der Aufsichtsrat zu einem Drittel aus Arbeitnehmervertretern zusammen.

[181] § 3 Montan-MitbestG schreibt die Bildung eines Aufsichtsrats vor, welcher sich gem. § 4 I Montan-MitbestG aus jeweils fünf Arbeitnehmer- bzw. Arbeitgebervertretern sowie einem neutralen Mitglied zusammensetzt. Eine ähnliche Regelung findet sich in § 5 i. V. m. § 3 MitBestErgG; vgl. HIRTE (2003), S. 123.

[182] Nach §§ 6, 7 MitbestG ist ein paritätisch besetzter Aufsichtsrat zu bilden. Im Falle einer Pattsituation steht dem Aufsichtsratsvorsitzenden gem. § 29 II 1 MitbestG ein Zweitstimmrecht zu. Ferner sieht § 33 MitbestG die Bestellung eines Arbeitsdirektors als gleichberechtigtes Mitglied der Geschäftsführung vor; vgl. MÜLLER-BONANNI (2005), S. 391; HAACK (2003), S. 3972; HIRTE (2003), S. 123.

nannte Territorialitätsprinzip.[183] Demnach sieht § 1 I 1 BetrVG für alle inländischen Betriebe, die i. d. R. über mindestens fünf ständig wahlberechtigte Arbeitnehmer verfügen, von denen drei wählbar sind, einen Betriebsrat vor.

3.3.2 Limited

Großbritannien verfügt über keine der deutschen Mitbestimmung äquivalente Regelung. Der Arbeitnehmerschutz wird dort einzig von den Gewerkschaften wahrgenommen, deren Rechte nicht wie in anderen Ländern als positives Recht, sondern als Schutzbestimmungen definiert werden.[184]

Die Unternehmensstruktur der Ltd. ist mit ihrem monistischen System des *board* nicht mit der Ausgestaltung einer GmbH vergleichbar.[185] Die Möglichkeit der Bestellung eines Aufsichtsrats als Organ, an welches die unternehmerische Mitbestimmung anknüpft, existiert im englischen Recht nicht.[186]

Da sich die unternehmerische Mitbestimmung nach dem Gesellschaftsstatut bestimmt, können die deutschen Mitbestimmungsgesetze auch dann nicht angewandt werden, wenn eine Ltd. ihren tatsächlichen Verwaltungssitz in das Inland verlegt.[187]

---

[183] Vgl. KAMP (2004), S. 1498; MÜLLER-BONANNI (2005), S. 407; WACHTER (2004a), S. 92.

[184] Vgl. LUKE (2005), S. 44; THELEN/TURNER (1999), S. 157; TRIEBEL ET AL. (1995), S. 208.

[185] Vgl. GAGEUR (2004/2005), S. 10; GEYRHALTER/GÄNßLER (2003), S. 412; MELLERT/VERFÜRTH (2005), S. 117.

[186] Vgl. LOVELLS (2003), S. 15; LÜHRSEN (2005), S. 105 f.; LUKE (2005), S. 44; SANDROCK (2004), S. 57.

[187] Vgl. MEILICKE (2003), S. 805; MÜLLER-BONANNI (2003), S. 1237 f.; WACHTER (2004a), S. 92.

Eine Anerkennung der deutschen Arbeitnehmermitbestimmung als gerechtfertigte Beschränkung der Niederlassungsfreiheit ausländischer Gesellschaften wird in der Literatur kontrovers diskutiert.[188] Die Durchsetzungsmöglichkeiten der deutschen Regelungen gegenüber dem ausländischen Gründungsstatut über eine Sonderanknüpfung an Art. 6 EGBGB (Ordre public) oder Art. 34 EGBGB sind zweifelhaft.[189]

Von dieser Diskussion unberührt bleibt die betriebliche Mitbestimmung. § 1 BetrVG gilt für alle inländischen Betriebe unabhängig davon, ob diese einem in- oder ausländischen Unternehmen angehören. Verlegt eine Ltd. ihren Verwaltungssitz nach Deutschland, fällt sie bei Vorliegen der Voraussetzungen des § 1 I BetrVG unbeschränkt unter die Vorschriften des BetrVG.[190]

3.3.3 Kritische Würdigung

Durch die neuere Rechtsprechung des EuGH eröffnen sich für deutsche Unternehmen in der Praxis vielfältige Möglichkeiten, die deutsche Mitbestimmung zu umgehen.[191]

Da sich die Organisationsverfassung der Ltd. rein nach dem Gesellschaftsrecht Großbritanniens bestimmt, fällt sie in Deutschland nicht

---

[188] Für eine Anerkennung sprechen sich aus: ALTMEPPEN/WILHELM (2004), S. 1088 f.; BAYER (2003), S. 2365; BAYER (2004), S. 5; GRUND-MANN/MÖSLEIN, (2003), S. 350 f.; ROTH (2003), S. 125; ROTH (2000), S. 333. Dagegen sind u. a.: EIDENMÜLLER (2002), S. 2236 f., 2242; KALLMEYER (2004), S. 638; KAMP (2004), S. 1498 f.; MEILICKE (2003), S. 798, 805; MÜL-LER-BONANNI (2003), S. 1235-1239; PAEFGEN (2003), S. 491 f.; RIEGGER (2004), S. 521; SANDROCK (2004), S. 59, 62-66; VEIT/WICHERT (2004), S. 16 f.; WACHTER (2004a), S. 92; WINDBICHLER/BACHMANN (2000), S. 799-805; ZIMMER (2003), S. 3590 f.

[189] Vgl. GAGEUR (2004/2005), S. 10; JUNKER (2004), S. 729; RIEGGER (2004), S. 518 f.; SANDROCK (2004), S. 65.

[190] Vgl. MÜLLER-BONANNI (2005), S. 407; RHODE (2006), S. 25 f.; WACHTER (2004a), S. 92.

[191] Vgl. LOVELLS (2003), S. 16; MÜLLER-BONANNI (2005), S. 399; ZIMMER (2003), S. 3587.

unter die unternehmerische Mitbestimmung, sondern einzig unter die betriebliche Mitbestimmung nach dem BetrVG.[192] Dies ist ein wichtiger Vorteil der Ltd. gegenüber der GmbH, die selbst bei Verlegung des Verwaltungssitzes ins Ausland keine Befreiung von der unternehmerischen Mitbestimmung erlangen kann.[193]

Eine Anwendung des deutschen Mitbestimmungsrechts auf die Ltd. ist auch unter den Gesichtspunkten des „Ordre public" oder einer missbräuchlichen Ausnutzung der Niederlassungsfreiheit zur Umgehung der unternehmerischen Mitbestimmung nicht möglich.[194]

Die Möglichkeiten der Mitbestimmungsvermeidung durch die Wahl einer geeigneten Rechtsform sind in Deutschland in letzter Zeit unterschiedlich diskutiert worden. Zwar kann ein Motiv für die Wahl der Ltd. sein, sich der deutschen Mitbestimmung entziehen zu wollen, allerdings ist es nur schwer vorstellbar, dass die Entscheidung für eine Ltd. allein aus diesem Grund gefällt wird.[195]

Damit die Arbeitnehmermitbestimmung in Deutschland nicht weiterhin als Standortnachteil verstanden wird und die GmbH im Wettbewerb der Rechtsordnungen auch zukünftig Bestand hat, besteht dringender Handlungsbedarf seitens der Gesetzgebung.[196] Dies muss nicht einen

---

[192] Vgl. HIRSCH (2003), S. 1103; LOVELLS (2003), S. 16; MÜLLER-BONANNI (2005), S. 399; RIEGGER (2004), S. 530; ZIMMER (2003), S. 3587; ZÖLLNER (2006), S. 10.

[193] Vgl. KALLMEYER (2004), S. 638; LOVELLS (2003), S. 16.

[194] Vgl. KAMP (2004), S. 1499; MÜLLER-BONANNI (2005), S. 397; O. V. (2005a), S. 169; RIEGGER (2004), S. 521, 530; RHODE (2006), S. 25 f. Ist jedoch offensichtlich, dass durch die Wahl einer Ltd. die Mitbestimmung umgangen werden soll, kann dies den Arbeitsfrieden gefährden; vgl. KALLMEYER (2004), S. 638; ZIMMER (2003), S. 3590.

[195] Vgl. O. V. (2005a), S. 166; ZIMMER (2003), S. 3590; ZÖLLNER (2006), S. 10.

[196] Vgl. BAYER (2003), S. 2365; LOVELLS (2003), S. 14; MEILICKE (2003), S. 809.

völligen Wegfall der Mitbestimmung bedeuten,[197] vielmehr ist eine Lösung der Problematik auf europäischer Ebene anzustreben.[198]

3.4 Finanzverfassung

3.4.1 GmbH

3.4.1.1 Kapitalaufbringung

Das Stammkapital der GmbH ist – wie bereits dargestellt – im Gesellschaftsvertrag anzugeben. Das Mindeststammkapital beträgt 25.000 € (§ 5 I GmbHG). Die zu leistende Stammeinlage eines jeden Gesellschafters muss mindestens 100 € betragen und durch 50 € teilbar sein (§ 5 I, III 2 GmbHG). Grundsätzlich darf jeder Gesellschafter bei Gründung der Gesellschaft nur eine Stammeinlage übernehmen, von welcher ein Viertel, insgesamt jedoch mindestens 12.500 € einzuzahlen sind (§§ 5, 7 GmbHG). Bei einer Einpersonen-GmbH muss die Einlage vollständig erbracht oder eine Sicherung für die ausstehende Einlage bestellt werden (§ 7 II 3 GmbHG).[199]

Neben oder anstatt der Einlage von Barmitteln ist die Einlage eines gleichwertigen Sachmittels möglich. Dies erfordert allerdings nähere Angaben zu dem Gegenstand der Sacheinlage und dem Betrag der

---

[197] Wie z. B. gefordert von MEILICKE (2003), S. 809.

[198] Vgl. BAYER (2003), S. 2365 sowie MAUL/SCHMIDT (2003), S. 2300, welche eine Rechtsprechung des EuGH zur abschließenden Klärung für erforderlich halten.

[199] Vgl. CAMPOS NAVE (2004), S. 4063; HÖRETH/SCHIEGL (2004), S. 4; KÖNIG/SURETH (2002), S. 38; MELLERT/VERFÜRTH (2005), S. 73 f.; STEHLE/STEHLE (2005), S. 28-31.

Stammeinlage im Gesellschaftsvertrag. Zusätzlich ist die Erstellung eines Sachgründungsberichtes erforderlich, in welchem die Werthaltigkeit der Sache darzustellen ist (§ 5 IV GmbHG). Die Bewertungsunterlagen sind mit der Anmeldung beim Handelsregister einzureichen (§§ 8 Nr. 5, 5 GmbHG).[200]

Die Gesellschafter können von der Verpflichtung zur Leistung der Einlage nicht befreit werden (§ 19 II GmbHG). Sofern zum Zweck der Errichtung der GmbH falsche Angaben gemacht wurden, haften Gesellschafter und Geschäftsführer der Gesellschaft gegenüber gesamtschuldnerisch für die fehlende Einzahlung sowie den evtl. entstandenen Schaden (§ 9a I GmbHG). Ein Verzicht seitens der Gesellschaft auf Ersatzansprüche ist unwirksam, soweit der Ersatz zur Befriedigung der Gesellschaftsgläubiger notwendig wird (§ 9b I GmbHG).[201]

3.4.1.2 Kapitalerhaltung

Die Gesellschafter der GmbH haben einen Anspruch auf Gewinnbeteiligung, verfügen jedoch über keine Entnahmerechte. Grundsätzlich kann nur der Jahresüberschuss zuzüglich eines Gewinnvortrags und abzüglich eines Verlustvortrags ausgeschüttet werden (§ 29 I GmbHG). Bei der Auflösung von Rücklagen haben die Gesellschafter ein Anrecht auf den Bilanzgewinn, sofern dadurch nicht das zur Erhaltung des Stammkapitals erforderliche Vermögen ausgeschüttet wird (Ausschüttungssperre; § 30 I GmbHG).[202]

---

[200] Vgl. CAMPOS NAVE (2004), S. 4063; HÖRETH/SCHIEGL (2004), S. 4; MELLERT/VERFÜRTH (2005), S. 74; STEHLE/STEHLE (2005), S. 30 f.

[201] Vgl. HÖRETH/SCHIEGL (2004), S. 4; SCHWARZ (1995), S. 51; STEHLE/STEHLE (2005), S. 28 f., 32 f.

[202] Vgl. ALTMEPPEN (2004), S. 102; HÖRETH/SCHIEGL (2004), S. 6; O. V. (2005a), S. 53; KALLMEYER (2004), S. 637; STEHLE/STEHLE (2005), S. 36 f.; SCHWARZ (1995), S. 51.

Im Falle eines Verstoßes gegen die Kapitalerhaltungsvorschriften muss der begünstigte Gesellschafter der Gesellschaft die verbotene Auszahlung erstatten. Kann diese nicht von dem Empfänger erlangt werden, haften die übrigen Gesellschafter verschuldensunabhängig im Verhältnis ihrer Gesellschaftsanteile für den zu erstattenden Betrag (§ 31 I und III GmbHG).[203]

Gewährt ein Gesellschafter der Gesellschaft ein Darlehen zu einem Zeitpunkt, in dem sich das Unternehmen in einer Krise befindet und ein ordentlicher Kaufmann stattdessen Eigenkapital zugeführt hätte, wird dieses Darlehen als sog. Eigenkapital ersetzendes Darlehen qualifiziert. Im Fall eines Insolvenzverfahrens besteht ein Anspruch auf Rückgewährung des Darlehens nur als nachrangiger Insolvenzgläubiger (§§ 32a, 32b GmbHG).[204]

Der Erwerb eigener Geschäftsanteile ist aus Gründen der Kapitalerhaltung begrenzt. Die Gesellschaft darf nur Anteile erwerben, auf die die Einlage vollständig geleistet wurde und für deren Kauf Gesellschaftsvermögen verwendet wird, welches das Stammkapital übersteigt (§ 33 II GmbHG).[205]

3.4.1.3 Kapitalveränderung

Die Erhöhung des Stammkapitals der Gesellschaft durch die Einlage von Bar- oder Sachmitteln stellt die klassische Form der Beschaffung neuen Eigenkapitals von außen dar. Die Leistungen auf das neue Stammkapital können durch alte oder neue Gesellschafter erbracht werden. Die Altgesellschafter haben dabei ein vorrangiges Bezugsrecht,

---

[203] Vgl. ALTMEPPEN (2004), S. 102 m. w. N.; O. V. (2005a), S. 53; SCHWARZ (1995), S. 51.

[204] Vgl. ALTMEPPEN (2004), S. 103; HÖRETH/SCHIEGL (2004), S. 6; KISKER (1992), S. 104-112; O. V. (2005a), S. 53; SCHWARZ (1995), S. 51.

[205] Vgl. HÖRETH/SCHIEGL (2004), S. 6.

welches nur in Ausnahmefällen ausgeschlossen werden kann (§§ 55, 57h-57l GmbHG). Ferner kann das Kapital – im Rahmen einer Innenfinanzierung – durch die Thesaurierung von Gewinnen erhöht werden (§ 57c-g GmbHG).[206]

Das Einziehen von Anteilen – und damit die Herabsetzung des Stammkapitals – dient primär dem Ausgleich von Wertminderungen und sonstigen Verlusten der GmbH (§§ 58a, 58b GmbHG). Eine Kapitalherabsetzung ist nur möglich, sofern sie laut Gesellschaftsvertrag zulässig ist (§ 34 I GmbHG) und die Bestimmungen des § 58 GmbHG berücksichtigt werden.[207]

3.4.1.4 Finanzierungsmöglichkeiten

Grundsätzlich haben die Gesellschafter die Möglichkeit, der GmbH – zusätzlich zu ihrer Stammeinlage – weitere Geld- oder Sachdarlehen zur Verfügung stellen. Durch die anhaltend schwache Konjunkturlage sind den meisten mittelständischen Unternehmen bezüglich ihrer Eigenfinanzierungsmöglichkeiten – wie der Erhöhung des Stammkapitals – wirtschaftliche Grenzen gesetzt. Auch die Rahmenbedingungen für langfristige Finanzierungsalternativen in Form von Bankkrediten, welche bei der Unternehmensfinanzierung im Vordergrund stehen, haben sich gravierend geändert. Daher wird verstärkt eine Ausstattung mit Mezzanine-Kapital als Außenfinanzierungsmittel angeboten. Dieses hybride Finanzierungsinstrument verbindet die Merkmale einer Eigenkapitalfinanzierung mit denen einer Fremdkapitalfinanzierung. Klassische Gestaltungsformen sind nachrangige Darlehen, Wandel- und Optionsrechte, Zero-Bonds, Genussrechte sowie stille Beteiligungen. Welche dieser Finanzierungsalternativen sich für die GmbH am besten

---

[206] Vgl. HOFERT/ARENDS (2005), S. 1381; KÖNIG/SURETH (2002), S. 40.
[207] Vgl. HÖRETH/SCHIEGL (2004), S. 6; SCHWARZ (1995), S. 51.

eignet, hängt dabei von ihren Zielen und ihrer individuellen Situation
ab.[208]

3.4.2 Limited

3.4.2.1 Kapitalaufbringung (*raising of capital*)

Das englische Recht schreibt – im Gegensatz zum GmbHG – kein be-
stimmtes Mindeststammkapital im Rahmen der Gründung einer Ltd.
vor,[209] i. d. R. wird jedoch ein Betrag von 100 £ eingezahlt, welcher sich
in 100 Anteile (*shares*) zu je 1 £ aufteilt. Aufgrund der fehlenden Wäh-
rungsbeschränkung kann das Kapital beispielsweise auch auf Euro lau-
ten.[210]

Das im *memorandum* festgeschriebene Stammkapital (*nominal capital,
authorized share capital*) entspricht dem Maximalbetrag, welcher in Anteilen ausgegeben werden darf (Sec. 2 V a CA) und ist vergleichbar mit
dem genehmigten Kapital einer AG. Dem Stammkapital der GmbH entspricht das tatsächlich ausgegebene Kapital (*issued share capital*).[211]

Im Unterschied zur GmbH müssen die Vermögenswerte der Ltd. nicht
zwingend durch Bar- oder Sachmittel erbracht werden, sondern können
auch durch Arbeits- oder jede vermögenswerte sonstige Leistung aufgebracht werden (Sec. 99 CA). Ferner erfolgt keine – wie im deutschen

---

[208] Vgl. ACHLEITNER/V. EINEM/V. SCHRÖDER (2004), S. 24; AHRWEILER/BÖRNER
(2003), S. 60-63; ausführlich HOFERT/ARENDS (2005), S. 1381 f.; KIEN-
BAUM/BÖRNER (2003), S. 5; SCHWARZ (1995), S. 51.

[209] Vgl. FLEISCHER (2000), S. 1016; HOOS (2005), S. 36; KALLMEYER (2004),
S. 636 f.; SCHUMANN (2004), S. 743; WACHTER (2004a), S. 91.

[210] Vgl. JUST (2005), S. 46; O. V. (2005a), S. 54; SHEARMAN (1992), S. 151.

[211] Vgl. JUST (2005), S. 46; FLEISCHER (2000), S. 1016; KALLMEYER (2004),
S. 636 f.; O. V. (2005a), S. 54; SCHUMANN (2004), S. 743.

Recht existierende – Kontrolle hinsichtlich der Werthaltigkeit der Einlage (Sec. 103 CA).[212]

Ein weiterer wesentlicher Unterschied besteht in der Fälligkeit der Einlagen. Das englische Gesellschaftsrecht kennt hier für *private companies* kein Mindesteinzahlungseinlagegebot. Die *members* müssen ihrer Einlagepflicht erst nach Aufforderung der *directors* oder gem. den Vorschriften im *memorandum* bzw. den *articles of association*, spätestens jedoch bei Insolvenz der Ltd. nachkommen. Auch im Falle der Liquidation ist die Haftung auf die noch nicht erbrachte Einlage beschränkt (Sec. 74 I, II d IA).[213]

3.4.2.2 Kapitalerhaltung (*maintenance of capital*)

Im Gegensatz zur Kapitalaufbringung erlangt die Kapitalerhaltung im englischen Recht eine größere Aufmerksamkeit. Spruchpraxis und Gesetzgebung werden dabei als wesentlich strenger erachtet als die entsprechenden Vorschriften im deutschen Recht.[214]

Ähnlich wie bei dem Ausschüttungsverbot der deutschen AG dürfen bei der Ltd. gem. Sec. 263 CA nur erwirtschaftete Gewinne abzüglich bestehender Verlustvorträge an die *members* ausgeschüttet werden.[215] Die Auflösung und anschließende Ausschüttung von Rücklagen ist grundsätzlich nicht gestattet. Auch verdeckte Gewinnausschüttungen werden von dem Einlagenrückgewährungsverbot erfasst. Bei unzulässi-

---

[212] Vgl. CAMPOS NAVE (2004), S. 4063; JUST (2005), S. 46; KALLMEYER (2004), S. 637; LÜHRSEN (2005), S. 68; MELLERT/VERFÜRTH (2005), S. 106; WACHTER (2004a), S. 91.

[213] Vgl. SCHUMANN (2004), S. 743; WACHTER (2004a), S. 91.

[214] Vgl. BRINKMEIER (2004), S. 153; DAVIES (1998), S. 347; FLEISCHER (2000), S. 1016; HÖFLING (2002), S. 153, 160; HÖRETH/SCHIEGL (2004), S. 8 f.; KALLMEYER (2004), S. 637; MELLERT/VERFÜRTH (2005), S. 107.

[215] Vgl. BRINKMEIER (2004), S. 153; FLEISCHER (2000), S. 1016; HÖFLING (2002), S. 153-160; MELLERT/ VERFÜRTH (2005), S. 107; SCHUMANN (2004), S. 744.

gen Ausschüttungen (*unlawful distribution*) besteht die Verpflichtung zur Rückzahlung des ausgeschütteten Betrags. Insgesamt übersteigen die Kapitalerhaltungsmaßnahmen der Ltd. damit die auf das Stammkapital der GmbH begrenzten Sicherungsinstrumente.[216]

Das englische Gesellschaftsrecht kennt weder Eigenkapital ersetzende Gesellschafterdarlehen noch ist der Rückkauf eigener Anteile (*redemption*) grundsätzlich zulässig (Sec. 143 I CA). In bestimmten Ausnahmefällen darf die Gesellschaft eigene Anteile erwerben (Sec. 159, 162 I CA). Voraussetzung hierfür ist die Finanzierung des Erwerbs durch ausschüttungsfähige Gewinne oder den Erlös, der durch die Ausgabe neuer, rückkaufbarer Anteile (*redeemable shares*) erzielt wurde (Sec. 160 I CA).[217] Eine weitere Ausnahme bildet der Rückerwerb eigener Anteile bei Finanzierung aus dem Kapital (*payment out of capital*; Sec.s 171-176 CA). Dieser ist nur möglich, sofern die Zahlungssicherheit der Gesellschaft gewährleistet ist. Die Durchführung des strengen und komplizierten Verfahrens ist nur unter Hinzuziehung eines Wirtschaftsprüfers möglich.[218]

3.4.2.3 Kapitalveränderung (*alteration of capital*)

Die Ltd. darf nur bis zur Obergrenze des *nominal capital* neue Anteile ausgeben. Sofern dieses bereits ausgeschöpft ist, kann es durch eine Ermächtigung in der Satzung oder einen einfachen Gesellschafterbeschluss erhöht werden (Sec. 121 II (a), IV CA). Den *members* steht bei

---

[216] Vgl. FLEISCHER (2000), S. 1016; KALLMEYER, (2004), S. 637; MELLERT/VERFÜRTH (2005), S. 107; SCHUMANN (2004), S. 744. Zu den Konsequenzen einer *unlawful distribution* vgl. Sec. 277 CA.

[217] Vgl. MELLERT/VERFÜRTH (2005), S. 108; O. V. (2005a), S. 63; SCHUMANN (2004), S. 744.

[218] Vgl. HÖFLING (2002), S. 152-160; O. V. (2005a), S. 64-68; SCHUMANN (2004), S. 744.

der Ausgabe neuer Anteile in fast allen Fällen ein gesetzliches Bezugsrecht zu (*pre-emption rights;* Sec.s 89-94 CA 1985).[219]

Die Veränderung des ausgegebenen oder des nicht ausgegebenen Kapitals kann – sofern sie den Gesamtbetrag des *issued capital* nicht beeinflusst – relativ einfach durch einen entsprechenden Gesellschafterbeschluss durchgeführt werden.[220]

Bereits im *memorandum* oder in den *articles of association* kann die Zulässigkeit des Einziehens von Anteilen gegen Zahlung einer Abfindung definiert werden. Es bedarf dafür weder eines wichtigen Grundes noch der Zustimmung des betreffenden *member*. Dies eröffnet der Ltd. im Vergleich zur GmbH einen großen Gestaltungsspielraum.[221]

Die Herabsetzung des Kapitals (*reduction of share capital*) kann nur unter Einschaltung eines Gerichts erfolgen (Sec. 135 CA).[222] Bei der gerichtlichen Entscheidung werden neben der Gleichbehandlung der *members* auch die Belange der Gläubiger berücksichtigt (Sec.s 136, 137 CA). Die Gläubiger sind dabei berechtigt, unter bestimmten Voraussetzungen der Kapitalherabsetzung zu widersprechen (Sec. 136 III CA).[223]

3.4.2.4 Finanzierungsmöglichkeiten

Die Ltd. kann sich neben der Finanzierung durch Rückerwerb eigener Anteile (Innenfinanzierung) auch über den Kapitalmarkt finanzieren. Zu

---

[219] Davon ausgenommen ist die Ausgabe von Anteilen deren Gegenleistung nicht in Barmitteln erbracht wird und die Ausgabe von Vorzugsanteilen (Sec.s 89 IV, 94 V a CA). Vgl. O. V. (2005a), S. 58-60.

[220] Vgl. O. V. (2005a), S. 68.

[221] Vgl. MELLERT/VERFÜRTH (2005), S. 108.

[222] Vgl. BRINKMEIER (2004), S. 153; HÖRETH/SCHIEGL (2004), S. 8 f.; MAUL/SCHMIDT (2003), S. 2298; MELLERT/VERFÜRTH (2005), S. 108; SCHUMANN (2004), S. 744.

[223] Vgl. HAPP/HOLLER (2004), S. 733; MELLERT/VERFÜRTH (2005), S. 108; O. V. (2005a), S. 69; SCHUMANN (2004), S. 744.

den bedeutendsten Außenfinanzierungsarten der englischen Rechtspraxis gehört die Beschaffung von Kapital durch die Ausgabe von einziehbaren Vorzugsanteilen (*redeemable preference shares*) sowie die Ausgabe von abgesicherten Schuldverschreibungen (*debentures*). Durch Letztere kann das Vermögen der Ltd. besichert werden (*floating charges*). Die Schuldverschreibung wird dann auch als *bond* bzw. *loan note* bezeichnet. Die finanzielle Unterstützung eines Anteilerwerbers durch die Gesellschaft ist generell unzulässig (Sec. 151 CA). Ausnahmen können sich – ebenso wie bei dem Rückerwerb eigener Anteile – aus den Sec.s 155, 156 CA ergeben.[224] Das Verfahren läuft analog zu dem Verfahren des Rückerwerbs eigener Anteile bei Finanzierung aus dem Kapital ab.[225]

Neben dem Anspruch auf Dividendenzahlung – sofern es zu dem Beschluss einer solchen kommt – hat der Anteilsinhaber lediglich einen Anspruch auf die Rückzahlung des Nominalwertes seines Anteils im Falle der Auflösung oder Umstrukturierung der Ltd. Der Inhaber von Schuldverschreibungen hingegen besitzt einen gesetzlichen Anspruch auf die Verzinsung und Rückzahlung des der Ltd. zur Verfügung gestellten Darlehens. Das Risiko des Investments ist für ihn dadurch wesentlich geringer. Die unterschiedliche Behandlung beider Inhaber resultiert aus der Stellung des Geschäftsanteilsinhabers als Mitgesellschafter einerseits und der externen Gläubigerstellung des Schuldverschreibungsinhabers andererseits.[226]

---

[224] Vgl. JUST (2005), S. 57; O. V. (2005a), S. 67; SHEARMAN (1992), S. 151; TRIEBEL ET AL. (1995), S. 260 f.

[225] Siehe dazu im einzelnen Kapitel 3.4.2.2.

[226] Vgl. EBERT/LEVEDAG (2003), S. 1344; JUST (2005), S. 57; SHEARMAN (1992), S. 151.

3.4.3 Zwischenfazit

Die Kapitalaufbringungs- und -erhaltungsvorschriften der Ltd. werden üblicherweise als bedeutende Vorteile der Ltd. gegenüber der GmbH hervorgehoben. Als wesentliche Erleichterung für den Gründer werden die fehlende Mindestkapitalausstattungspflicht und die hohe Flexibilität bezüglich der Kapitalaufbringung genannt.[227]

Betrachtet man die Ltd. allerdings unter dem Gesichtspunkt der Kapitalerhaltung, wird ihre Vorteilhaftigkeit gegenüber der GmbH fraglich. So ergibt sich z. B. bei der Ltd. aufgrund des Auflösung- und Ausschüttungsverbots von Rücklagen eine wesentlich stärkere Vermögensbindung als bei der GmbH. Für den *member* bedeutet dies eine Ausweitung des unternehmerischen Risikos, was unter Gläubigergesichtspunkten als Ausgleich für das – aufgrund fehlender Vorschriften zur Kapitalaufbringung – niedrigere Risiko bei Gründung der Gesellschaft verstanden werden kann.[228] Im Ergebnis ist festzustellen, dass aus Sicht des Gründers die Ltd. der GmbH bezüglich ihrer Flexibilität bedingt durch die strengeren Kapitalerhaltungsvorschriften unterlegen ist.[229]

Hinsichtlich der Finanzierungsmöglichkeiten ergeben sich geringe Unterschiede. Beiden Gesellschaftsformen stehen neben den verschiedenen Arten der Eigenfinanzierung auch die einer Fremdfinanzierung zur Verfügung. Während sich die GmbH verstärkt auf die Finanzierung mittels hybrider Finanzierungsinstrumente konzentriert, greift die Ltd. mit der Ausgabe von Schuldverschreibungen auf ein klassisches Finanzinstrument zurück. Die Erschließung von Fremdkapital in Deutschland kann bei der Ltd. insofern zu Problemen führen, als dass die Verwen-

---

[227] Vgl. HAPP/HOLLER (2004), S. 733; JUST (2005), S. 46; KALLMEYER (2004), S. 636 f.

[228] Vgl. HAPP/HOLLER (2004), S. 733; KALLMEYER (2004), S. 637.

[229] Vgl. HAPP/HOLLER (2004), S. 733; HÖRETH/SCHIEGL (2004), S. 8 f.

dung dieses Sicherungsmittels nach deutschem Sachenrecht nicht vorgesehen ist.[230]

3.5 Auftreten der Gesellschaft im Geschäftsverkehr

3.5.1 GmbH

Die GmbH ist eine in Deutschland weit verbreitete,[231] im Geschäftsverkehr allgemein bekannte und geschätzte Rechtsform. Obwohl sich die Haftung der Gesellschaft auf ihr Gesellschaftsvermögen beschränkt, wird ihr im Wirtschaftsleben in Deutschland nur wenig Misstrauen entgegengebracht. Aufgrund ihres relativ geringen internationalen Bekanntheitsgrads ist jedoch zu bedenken, dass die GmbH bei ausländischen Geschäftspartnern durchaus Skepsis hervorrufen kann.[232]

Zum Schutz des Rechtsverkehrs ist die GmbH gem. § 125a HGB i. V. m. § 35a I GmbHG verpflichtet, auf allen Geschäftsbriefen die Rechtsform und den Sitz der Gesellschaft, das Registergericht, die Handelsregisternummer sowie die Namen aller Geschäftsführer anzugeben.

Der allgemeine Gerichtsstand der GmbH bestimmt sich nach dem Ort des Verwaltungssitzes (§§ 12, 17 ZPO). Davon abweichend besteht die Möglichkeit, den Gerichtsstand des Leistungsortes zu wählen bzw. eine andere vertragliche Vereinbarung zu treffen.[233]

---

[230] Vgl. DIERKSMEIER (2005), S. 1521; LUKE (2005), S. 32.

[231] Zum 01.01.2005 waren 996.000 selbständige GmbHs (1.006.000 einschließlich Zweigniederlassungen) in deutschen Handelsregistern eingetragen. Vgl. KORNBLUM (2006), S. 28 f.

[232] Vgl. HÖRETH/SCHIEGL (2004), S. 7; LÜHRSEN (2005), S. 119; MERZ/GOTTSCHALK (2006), S. R001.

[233] Vgl. DAVID (2003), S. 126.

3.5.2 Limited

Grundsätzlich bestehen große Unterschiede zwischen der Anerkennung der Ltd. in Deutschland gegenüber deren Akzeptanz im englischsprachigen Ausland. So besteht bei der Verwendung einer Ltd. in Deutschland das Risiko, dass im Geschäftsverkehr skeptisch auf diese Rechtsform reagiert wird.[234] Es ist nicht auszuschließen, dass potentielle Kunden und Lieferanten, aber auch Banken kein Vertrauen in diese relativ unbekannte Rechtsform haben und somit negative Rückschlüsse auf die Kreditwürdigkeit des Unternehmens ziehen. Besonders kleine und mittlere Ltd.s auf nationalen oder regionalen Märkten haben das Problem, ohne entsprechende persönliche Sicherheiten von Geschäftspartnern kaum Vorleistungen zu erhalten. Bei der Ltd. führt dies nicht nur zu zusätzlichen Kosten, sondern auch zu einer weitgehenden Aufhebung der Haftungsbeschränkung.[235] International weist die Ltd. allerdings einen wesentlich höheren Verbreitungs- und Bekanntheitsgrad auf. Ausländische Geschäftspartner und Investoren bevorzugen ihnen vertraute Rechtsformen, weshalb sich hier die Wahl einer Ltd. als vorteilhaft erweisen kann.[236]

Die Frage, welches Recht für die Angaben auf Geschäftsbriefen der Ltd. gilt, ist umstritten. Gem. § 35a IV GmbHG müsste die Ltd. Angaben über den Namen der Gesellschaft mit deren Rechtsformzusatz und Sitz, das Registergericht sowie die Registernummer einer Zweigniederlassung und der Hauptniederlassung in England sowie den Namen der *directors* machen.[237] Der Gegenmeinung zufolge sind – da es sich bei der Ltd. um

---

[234] Vgl. HARTMANN (2005), S. 64 f.; HECKSCHEN (2004), S. R026; JULA (2003), S. 876; LÜHRSEN (2005), S. 120.

[235] Vgl. CAMPOS NAVE (2004), S. 4068; HÖRETH/SCHIEGL (2004), S. 9; JULA (2003), S. 876; TÖPFER (2004), S. 402.

[236] Vgl. DEGENHARDT (2005a), S. 56; LÜHRSEN (2005), S. 120; TRIEBEL (2003), S. I.

[237] Vgl. LUTTER/HOMMELHOFF (2004), S. 647.

keine deutsche Kapitalgesellschaft handelt – die englischen Rechtsvorschriften anzuwenden.[238]

Nach Art. 2 I, 60 EuGVVO richtet sich der allgemeine Gerichtsstand der Ltd. mit Verwaltungssitz in Deutschland nach dem Ort, an dem sich ihr Satzungssitz (*registered office*), ihre Hauptverwaltung oder ihre Hauptniederlassung befindet. Weichen wie bei der Ltd. Satzungssitz und Ort der Hauptverwaltung voneinander ab, besteht ein Wahlrecht seitens des Klägers. Bei einer Klageerhebung in Deutschland finden die §§ 12, 17 ZPO entsprechend Anwendung. Neben dem allgemeinen Gerichtsstand der Ltd. existiert gem. Art. 22 Nr. 2 EuGVVO eine gesonderte Regelung für gesellschaftsorganisatorische Klagen. Diese sind demnach ausschließlich vor englischen Gerichten und nach englischem Recht auszutragen.[239] Sofern es sich nicht um den ausschließlichen Gerichtsstand handelt, können unter bestimmten Voraussetzungen abweichende Gerichtsstandsvereinbarungen getroffen werden.[240]

3.5.3 Zwischenfazit

Vor der Entscheidung für eine Rechtsform ist zu prüfen, ob diese mit dem unternehmerischen Konzept des Gründers zu vereinbaren ist. Plant dieser z. B. in das Ausland zu expandieren oder bestehen bereits internationale Geschäftsbeziehungen, kann die Ltd. gegenüber der GmbH eine sinnvolle Alternative sein. So werden Investoren aus angloamerikanischen Gebieten die Ltd. der für sie fremden, sehr inflexiblen

---

[238] Gem. Sec. 351 CA sind der Gesellschaftsname und -sitz, die englische Registernummer sowie die Anschrift des *registered office* anzugeben. Vgl. EBERT/LEVEDAG (2003), S. 1339; KASOLOWSKI (2005), S. 122; O. V. (2005a), S. 119.

[239] Vgl. ALTMEPPEN/WILHELM (2004), S. 1086 f.; EBERT/LEVEDAG (2003), S. 1346; HEINZ (2004), S. 17 f.; LEIBLE (2005), S. 331, 333; MAUL/SCHMIDT (2003), S. 2299; O. V. (2005a), S. 121 f.; WACHTER (2004a), S. 93.

[240] Vgl. LEIBLE (2005), S. 333 f.

und dogmatisch schwer verständlichen GmbH wahrscheinlich vorziehen.[241]

In Deutschland hingegen verfügt die Ltd. über ein negatives Image. Der unseriöse Eindruck und die zweifelhafte Kreditwürdigkeit aufgrund des fehlenden Eigenkapitals könnten potentielle Geschäftspartner negativ reagieren lassen. Unter diesem Gesichtspunkt ist einem vorwiegend im Inland operativ tätigen Unternehmer die Wahl der GmbH als Rechtsform anzuraten.[242]

Bezüglich des Gerichtsstands der Ltd. besteht die Gefahr, dass deutsche Richter unter Umständen englisches Recht bei der Rechtsfindung zugrunde legen müssen. Neben Verzögerungen und zusätzlichen Kosten durch Rechtsgutachten besteht auch das Risiko einer nachteiligen Auslegung des englischen Rechts aufgrund mangelnder fachlicher Kenntnisse der deutschen Gerichte. Dieser wesentliche Nachteil der Ltd. gegenüber der GmbH verdeutlicht die Problematik der Vermischung zweier Rechtsordnungen.[243]

Eine abschließende Beurteilung ist demnach nur unter Beachtung der Besonderheiten eines jeden Unternehmens, wie dessen Größe, Tätigkeitsschwerpunkt, Branchenzugehörigkeit oder auch Kunden- und Lieferantenbeziehungen, möglich.[244]

---

[241] Vgl. CAMPOS NAVE (2004), S. 4068; TRIEBEL (2003), S. I; WÄLZHOLZ (2005), S. 430.

[242] Vgl. CAMPOS NAVE (2004), S. 4068; V. BERNSTORFF (2004), S. 502; WACHTER (2004a), S. 92; WÄLZHOLZ (2005), S. 430.

[243] Vgl. CAMPOS NAVE (2004), S. 4064; DEGENHARDT (2005a), S. 73 f.

[244] Vgl. CAMPOS NAVE (2004), S. 4068; V. BERNSTORFF (2004), S. 502; WACHTER (2004a), S. 92; WÄLZHOLZ (2005), S. 430.

3.6 Beendigung der Gesellschaft

3.6.1 GmbH

3.6.1.1 Liquidation

Zivilrechtlich ist bei der GmbH zwischen der Auflösung, der Abwicklung (eigentliche Liquidation) und der Beendigung zu unterscheiden. Mit dem Rechtsakt der Auflösung ändert sich der Gesellschaftszweck vom werbenden zum Abwicklungszweck, die GmbH als solche besteht jedoch unverändert weiter.[245] Gesetzliche Gründe für die Auflösung der Gesellschaft sind gem. § 60 GmbHG der Ablauf der im Gesellschaftsvertrag bestimmten Zeit, der Beschluss der Gesellschafter (¾-Mehrheit erforderlich), das gerichtliche Urteil aufgrund gesetzeswidriger Geschäftsgebaren oder einer Auflösungsklage, die Eröffnung des Insolvenzverfahrens[246] sowie die Verfügung eines Registergerichts. Davon abweichend können weitere Auflösungsgründe im Gesellschaftsvertrag festgelegt werden. Nach § 65 GmbHG ist die Auflösung grundsätzlich zur Eintragung in das Handelsregister anzumelden und bekanntzumachen.[247]

Der Auflösung folgt die Abwicklung der GmbH, welche in den §§ 66 bis 74 GmbHG geregelt ist. Die Liquidation wird – außer im Insolvenzfall – von den Liquidatoren durchgeführt, welche Geschäftsführer der GmbH sind, sofern im Gesellschaftsvertrag oder durch Gesellschafterbeschluss

---

[245] Vgl. FUHRMANN (2005), S. 14906; HAACK (2003), S. 3979; O. V. (1991a), S. R35.

[246] Siehe hierzu Kap. 3.6.1.2.

[247] Vgl. FUHRMANN (2005), S. 14907; HAACK (2003), S. 3979; O. V. (1991a), S. R36; O. V. (1991b), S. R67; STEHLE/STEHLE (2005), S. 46 f.

keiner anderen Person die Liquidation übertragen wurde (§ 66 GmbHG). Die Liquidatoren sowie deren jeweilige Vertretungsbefugnis müssen zum Handelsregister angemeldet werden (§ 67 I GmbHG). Ihre Pflichten ergeben sich speziell aus § 70 GmbHG. Demzufolge haben sie nach der Erstellung einer Liquidations-Eröffnungsbilanz (§ 71 I GmbHG) die laufenden Geschäfte der aufgelösten Gesellschaft zu beenden, deren Verbindlichkeiten zu erfüllen, die Forderungen einzuziehen und das Vermögen der Gesellschaft in Geld umzusetzen. Neue Rechtsgeschäfte dürfen nur eingegangen werden, sofern diese zur Beendigung schwebender Geschäfte notwendig sind (§ 70 GmbHG).[248]

Die Verteilung des verbleibenden Vermögens an die Gesellschafter ist aus Gründen des Gläubigerschutzes erst nach Ablauf eines Sperrjahres möglich (§§ 72, 73 GmbHG). Nach Aufstellung der Liquidations-Schlussbilanz und Verteilung des Vermögens ist die Beendigung der Liquidation zur Eintragung in das Handelsregister anzumelden. Die Gesellschaft ist gem. § 74 I 2 GmbHG zu löschen und deren Bücher und Schriften für die Dauer von 10 Jahren von einem der Gesellschafter oder einem Dritten zu verwahren (§ 74 II GmbHG).[249]

3.6.1.2 Insolvenz

Gem. § 11 InsO kann über die GmbH als juristische Person ein Insolvenzverfahren eröffnet werden. Ziel dieses Verfahrens ist es, sofern keine abweichenden Regelungen zum Erhalt des Unternehmens getroffen werden können, die Gesellschaftsgläubiger durch Verwertung und Verteilung des Gesellschaftsvermögens gemeinschaftlich zu befriedigen

---

[248] Vgl. FUHRMANN (2005), S. 14906-14908; HAACK (2003), S. 3979; O. V. (1991b), S. R67; STEHLE/ STEHLE (2005), S. 46 f.

[249] Vgl. FUHRMANN (2005), S. 14908-14910; HAACK (2003), S. 3979 f.; O. V. (1991b), S. R67; STEHLE/ STEHLE (2005), S. 46 f.

(§ 1 InsO).[250] Gründe für die Eröffnung eines Insolvenzverfahren sind die Zahlungsunfähigkeit (§ 17 InsO, § 64 I GmbHG), die drohende Zahlungsunfähigkeit (§ 18 InsO) sowie die Überschuldung juristischer Personen (§ 19 InsO, § 64 I GmbHG).[251] Im Fall der Zahlungsunfähigkeit oder Überschuldung ist der Geschäftsführer verpflichtet, unverzüglich – spätestens jedoch 3 Wochen nach Eintritt der Zahlungsunfähigkeit oder Überschuldung – einen Antrag auf Eröffnung des Insolvenzverfahrens zu stellen (§ 64 I GmbHG i. V. m. §§ 17, 19 InsO). Sofern die GmbH über mehrere Geschäftsführer verfügt, trifft jeden die Insolvenzantragspflicht.[252] Verletzt ein Geschäftsführer diese Anzeigepflicht, haftet er aus Gründen des Gläubigerschutzes für geleistete Zahlungen nach Eintritt der Zahlungsunfähigkeit persönlich (§ 64 II GmbHG).[253] Die Rechtsprechung wirft dem Geschäftsführer bereits bei Fahrlässigkeit ein Verschulden vor, was in der Praxis mit erheblichen haftungsrechtlichen Risiken verbunden ist. Neben der Schuldnerin bzw. deren Geschäftsführer sind die Gläubiger der Gesellschaft in den Fällen der §§ 17, 19 InsO antragsberechtigt (§§ 13 I, 15 I InsO). Bei drohender Zahlungsunfähigkeit können nur die Schuldnerin selbst oder die Gesamtheit ihres vertretungsberechtigten Organs die Eröffnung des Insolvenzverfahrens beantragen (§ 18 III InsO).[254]

Ist der Insolvenzantrag zulässig, kann das Amtsgericht bis zur Insolvenzeröffnung einen vorläufigen Insolvenzverwalter als Sicherungsmaßnahme bestellen (§ 21 InsO). Dessen Verwaltungs- und Verfügungsbefugnisse bestimmen sich nach § 22 InsO. Sofern das Insolvenzverfahren nicht mangels Masse abgewiesen wird (§ 26 InsO), kann dieses eröffnet und ein Insolvenzverwalter von dem zuständigen

---

[250] Vgl. HAACK (2003), S. 3980; PERNICE (2002), S. 25; VOLK (2005), S. 207.

[251] Vgl. ausführlich BISSON (2005), S. 843-845; PERNICE (2002), S. 25; VOLK (2005), S. 207.

[252] Vgl. BISSON (2005), S. 848, 852.

[253] Vgl. ALTMEPPEN (2004), S.100; BISSON (2005), S. 843; LEIBNER (2002), S. 424; VOLK (2005), S. 207.

[254] Vgl. HAACK (2003), S. 3980; VOLK (2005), S. 207.

Insolvenzgericht ernannt werden. Gem. den §§ 80, 155 InsO gehen die Verwaltungs- und Verfügungsrechte über das Vermögen der GmbH sowie die handels- und steuerrechtlichen Rechnungslegungspflichten mit Eröffnung des Insolvenzverfahrens auf den Insolvenzverwalter über.[255] Dessen Aufgabe besteht in der Abwicklung der Geschäfte der GmbH, der Einziehung von Forderungen und Versilberung des Gesellschaftsvermögens. Nachdem die angemeldeten Forderungen im Prüfungstermin festgestellt wurden (§§ 172-174 InsO), kann mit der Vermögensverteilung an die Gläubiger begonnen werden (§ 187 InsO). Nach Abschluss der Schlussverteilung – welche nur mit Zustimmung des Insolvenzgerichts möglich ist (§ 196 InsO) – wird das Insolvenzverfahren eingestellt (§ 215 InsO).[256]

3.6.2 Limited

3.6.2.1 Liquidation

Im englischen Recht existiert keine dem deutschen Recht äquivalente trennscharfe Abgrenzung zwischen der Liquidation im Rahmen einer Insolvenz und der außerhalb einer solchen. Vielmehr unterscheidet es zwischen der freiwilligen Liquidation (*voluntary liquidation, voluntary winding-up*) – unter der Leitung der *members* (Sec. 84 IA) oder der Gläubiger der Gesellschaft – und der gerichtlichen Zwangsliquidation (*compulsory winding-up*; Sec. 117 IA).[257] Weitere Auflösungsgründe können das Erreichen oder Unmöglichwerden des Gesellschaftszwecks,

---

[255] Vgl. HAACK (2003), S. 3980; PERNICE (2002), S. 25.

[256] Vgl. PERNICE (2002), S. 26.

[257] Vgl. HEINZ (2004), S. 67; JUST (2005), S. 71; MEYER-LÖWY/POERTZGEN/DE VRIES (2005), S. 296; O. V. (2005a), S. 125; SCHUMANN (2004), S. 746 f.

ein in der Satzung vereinbarter Zeitablauf oder die in der Praxis häufig verbreitete Streichung der Gesellschaft aus dem Gesellschaftsregister (*striking of the register*) sein.[258]

Die freiwillige Liquidation durch die *members* (*members' voluntary liquidation*) erfolgt durch Abgabe einer eidesstattlichen Erklärung der *members* über die Zahlungsfähigkeit der Gesellschaft (*statutory declaration of solvency*), in der sie bestätigen, dass die Ltd. in der Lage sein wird ihre Schulden im Zeitraum von zwölf Monaten zu begleichen (Sec. 89 IA). Innerhalb von fünf Wochen nach Abgabe der Erklärung muss ein Gesellschafterbeschluss zur Liquidation der Gesellschaft gefasst sowie ein Liquidator bestellt werden (§§ 89 II, 91 IA). Dies ist binnen 14 Tagen zu veröffentlichen und spätestens nach 15 Tagen dem *Companies House* zu übermitteln (Sec.s 84 III, 89 III IA; *Form 600*[259]). Aufgabe des Liquidators ist es, die Gesellschaft abzuwickeln, die Gläubigeransprüche zu befriedigen und ein evtl. bestehendes Restvermögen an die *members* zu verteilen.[260] Sofern sich herausstellt, dass die Gesellschaft mit dem vorhandenen Vermögen ihre Schulden nicht innerhalb des genannten Zeitraums begleichen kann, kommt es mittels eines Wechsels der Verfahrensart zur Liquidation unter der Leitung der Gläubiger (*creditors' voluntary liquidation*).[261]

Geben die *members* keine Solvenzerklärung ab, sondern fassen einen Beschluss, dass die Gesellschaft ihre Tätigkeit aufgrund von Zahlungsunfähigkeit nicht weiter fortführen kann, kommt es zu einer Liquidation unter Leitung der Gesellschaftsgläubiger. Innerhalb von 14 Tagen ist eine Gläubigerversammlung einzuberufen, welche den Liquidator bestellt. Dessen Aufgabe besteht in der Einziehung von Forderungen sowie der Verteilung von noch vorhandenem Gesellschaftsvermögen an die Gläubiger. Nach Abschluss der Liquidation ist eine Versammlung

---

[258] Vgl. HEINZ (2004), S. 68; LUKE (2005), S. 51 f.

[259] Vgl. Anhang 12.

[260] Vgl. HEINZ (2004), S. 67; JUST (2005), S. 71 f.; O. V. (2005a), S. 125 f.

einzuberufen, auf der der Liquidator die Abschlussbilanz präsentiert und danach abberufen wird. Drei Monate nach Zuleitung der Abschlussbilanz an den *registrator* wird die Gesellschaft aufgelöst.[262]

Die zwangsweise Liquidation (*winding up by the Court*; Sec. 122 IA) bei Zahlungsunfähigkeit der Gesellschaft (Sec. 122 IA) – vergleichbar mit der deutschen Insolvenz – erfolgt auf Antrag (*petition*) des Wirtschaftsministeriums, der Gesellschaft selbst, deren Anteilseignern, Gläubigern oder *directors* (Sec. 124 IA). Erlässt das Gericht einen Abwicklungsbeschluss (*winding up order*), wird das gesamte Vermögen der Gesellschaft auf einen Treuhandfonds (*trust*) übertragen, von welchem aus es in Abstimmung mit der Gläubigerversammlung abgewickelt und verteilt wird. Die Gläubiger können durch entsprechende Anträge an das Gericht Einfluss auf den Abwicklungsprozess nehmen.[263]

Eine kostengünstigere und in der Praxis weit verbreitete Alternative zur Liquidation ist die Streichung aus dem Gesellschaftsregister (*striking off the Register*; Sec.s 652-653 CA).[264] Diese bietet sich vor allem bei Erreichen oder Unmöglichwerden eines bestimmten Gesellschaftszwecks an, wenn alle Beteiligten mit der Beendigung der Gesellschaft einverstanden sind.[265] Die Löschung erfolgt auf Antrag der Gesellschaft (*Form 652a*)[266] oder – sofern seit mehr als einem Jahr keine Geschäftstätigkeit ausgeübt wurde (*dormant company*) – durch das *Companies House*. Ist der Antrag zulässig und wurde von der Gläubigerseite keine Überführung in ein gerichtliches Zwangsabwicklungsverfahren gestellt, wird die Gesellschaft drei Monate nach Antragsstellung aus dem Gesellschafts-

---

[261] Vgl. HEINZ (2004), S. 67; O. V. (2005a), S. 126; SCHUMANN (2004), S. 747.

[262] Vgl. HEINZ (2004), S. 67, JUST (2005), S. 73; O. V. (2005a), S. 127 f.

[263] Vgl. HEINZ (2004), S. 67; JUST (2005), S. 73 f.

[264] Die Kosten der Löschung betragen hierbei 10 £. Vgl. O. V. (2005a), S. 128.

[265] Vgl. HEINZ (2004), S. 68; O. V. (2005a), S. 128.

[266] Siehe Anhang 13.

register gelöscht und gilt mit der öffentlichen Bekanntmachung der Löschung als aufgelöst.[267]

Die Eröffnung und Beendigung des Liquidationsverfahrens sowie die Auflösung der Ltd. müssen beim Handelsregister der Zweigniederlassung angemeldet werden. Ferner sind die Bestellung und der Wechsel von Liquidatoren sowie deren Vertretungsbefugnisse zur Eintragung anzumelden (§ 13g HGB i. V. m. §§ 65, 67, 74 GmbHG).[268]

3.6.2.2 Insolvenz

Kommt es zum Insolvenzfall einer in Deutschland tätigen Ltd., ist aufgrund des grenzüberschreitenden Sachverhalts internationales Insolvenzrecht anzuwenden für die Ermittlung des zuständigen Gerichts sowie des sachlich anzuwendenden Insolvenzrechts.[269] Nach Art. 3 I EuInsVO sind für die Eröffnung des Insolvenzverfahrens die Gerichte des Mitgliedstaates zuständig, in dessen Gebiet die insolvente Gesellschaft den Mittelpunkt ihrer hauptsächlichen Interessen hat. Für Gesellschaften und juristische Personen wird dabei widerlegbar vermutet, dass es sich um deren Satzungssitz handelt.[270] Im Falle der ausschließlich in Deutschland tätigen Ltd. ist deren Mittelpunkt wirtschaftlicher Interessen im Inland, wodurch – obwohl sich der Satzungssitz in England befindet – die Zuständigkeit bei deutschen Gerichten liegt.[271]

Die Frage der Insolvenzfähigkeit der Ltd. bestimmt sich gem. Art. 4 IIa EuInsVO nach dem Recht des Staates, in welchem das Insolvenzverfah-

---

[267] Vgl. HEINZ (2004), S. 68; o. V. (2005a), S. 130; WÄLZHOLZ (2005), S. 426.

[268] Vgl. o. V. (2005a), S. 127, 131.

[269] Vgl. o. V. (2005a), S. 173.

[270] Vgl. MOCK/SCHILDT (2005), S. 475. HUBER (2005a), S. 162 f.

[271] Vgl. FRÈRE/JÄGER (2005), S. 92 f.; HEINZ (2004), S. 68; o. V. (2005a), S. 175; RIEDEMANN (2004), S. 347; WÄLZHOLZ (2005), S. 425.

ren eröffnet wird (*lex fori concursus*).[272] Gem. § 11 InsO ist die Ltd. als insolvenzfähig zu beurteilen, so dass deutsches Insolvenzrecht vor deutschen Gerichten zur Anwendung kommt.[273] Ebenso verhält es sich mit den Insolvenzgründen, bei welchen gem. Art. 4 II EuInsVO deutsches Recht (§§ 17-19 InsO) zur Anwendung kommt.[274]

Bezüglich des Insolvenzantrags und dessen rechtliche Qualifizierung ist zwischen dem Insolvenzantragsrecht und der Insolvenzantragspflicht zu differenzieren.[275] Während das Insolvenzantragsrecht als insolvenzrechtlich zu qualifizieren ist[276] und nach deutschem Recht die *directors* (§ 15 InsO) sowie die Gläubiger der Ltd. (§ 14 InsO) antragsberechtigt sind, ist die Frage der Insolvenzantragspflicht stark umstritten.[277]

Die Befürworter einer insolvenzrechtlichen Qualifikation der Antragspflicht argumentieren mit dem engen Zusammenhang von Antragsrecht und Antragspflicht – weshalb diese nach dem gleichen Recht zu identifizieren seien – sowie dem insolvenzrechtlich geprägten Gläubigerschutzgedanken, welcher der Antragspflicht zugrunde liege.[278] Folgt man dieser Meinung, besteht für den *director* der Ltd. in den Fällen der Zahlungsunfähigkeit und Überschuldung eine Insolvenzantragspflicht nach deutschem Recht (§ 64 GmbHG).

Für eine gesellschaftsrechtliche – und damit gegen die insolvenzrechtliche – Qualifikation wird vorgebracht, dass die Antragspflicht nicht in der InsO sondern in den gesellschaftsrechtlichen Einzelgesetzen (§ 64 GmbHG) geregelt sei und damit keine identische Qualifikation erforder-

---

[272] Vgl. MOCK/SCHILDT (2005), S. 477; O. V. (2005a), S. 176.

[273] Vgl. ALTMEPPEN (2004), S. 100; FRÈRE/JÄGER (2005), S. 94; O. V. (2005a), S. 173; WERNER (2005), S. 292.

[274] Vgl. HEINZ (2004), S. 68; MOCK/SCHILDT (2005), S. 478.

[275] Vgl. O. V. (2005a), S. 177.

[276] Vgl. MÜLLER (2003), S. 416; MOCK/SCHILDT (2003), S. 399; TRUNK (1998), S. 102.

[277] Vgl. MOCK/SCHILDT (2005), S. 479; O. V. (2005a), S. 177.

[278] Vgl. BORGES (2004), S. 733; MÜLLER (2003), S. 416; WACHTER (2004a), S. 101; ZIMMER (2003), S. 3590.

lich wäre. Ferner stelle die insolvenzrechtliche Qualifikation einen Eingriff in die Niederlassungsfreiheit dar und berge ein hohes Maß an Rechtsunsicherheit. Aufgrund des zur Anwendung kommenden englischen Rechts bestünde demnach keine Insolvenzantragspflicht.[279]

Für die Praxis von erheblicher Bedeutung ist die Frage nach der Insolvenzverschleppungshaftung (§ 64 GmbHGi. V. m. § 823 II BGB), deren Zuordnung zum Gesellschaftsrecht oder Insolvenzrecht ebenfalls kontrovers diskutiert wird und einer abschließenden Klärung bedarf.[280] Eine insolvenzrechtliche Qualifizierung würde zu der Anwendung der entsprechenden Haftungstatbestände nach deutschem Recht führen.[281] Aufgrund der Vergleichbarkeit der deutschen Insolvenzverschleppungshaftung mit der englischen Haftung wegen *wrongful trading* wären hier keine größeren Anpassungsschwierigkeiten zu erwarten.[282]

Anderer Ansicht nach sei die Insolvenzverschleppungshaftung gesellschaftsrechtlich zu qualifizieren, so dass englisches Recht anzuwenden wäre.[283] Demnach käme eine Haftung wegen *fraudulent trading* (Sec. 213 IA) sowie wegen w*rongful trading* (Sec. 214 IA) in Betracht.

Unabhängig von dem anzuwendenden Insolvenzrecht ist die Eröffnung oder Ablehnung eines Insolvenzverfahrens über die Ltd. bei dem zuständigen Handelsregister der Zweigniederlassung bekannt zu geben (§ 13e IV HGB).[284]

---

279 Vgl. MOCK/SCHILDT (2005), S. 480-482 m. w. N.; O. V. (2005a), S. 177; SCHUMANN (2003), S. 746; ULMER (2004), S. 1201. Für eine Gegenüberstellung beider Qualifikationen siehe Anhang 5.

280 Vgl. HUBER (2005b), S. 308-311.

281 Vgl. z.B. ALTMEPPEN/WILHELM (2004), S. 1083; BORGES (2004), S. 733; ZIMMER (2003), S. 3590.

282 Vgl. O. V. (2005a), S. 178.

283 Vgl. FRÈRE/JÄGER (2005), S. 95; SCHUMANN (2004), S. 746 f., 749; UNGAN (2005), S. 366.

284 Vgl. O. V. (2005a), S. 179.

3.6.3 Zwischenfazit

Hinsichtlich der Liquidation verfügen beide Gesellschaften über einen formalisierten Prozess der Auflösung, Abwicklung und Beendigung der Gesellschaft. Auch bezüglich der Auflösungsgründe bestehen keine wichtigen Unterschiede. Anders hingegen verhält es sich mit der Zeitspanne zwischen der Beendigung des Liquidationverfahrens bis zur Ausschüttung und Löschung der Gesellschaft. Bei der Ltd. ist vorteilhaft, dass das Gesellschaftsvermögen unmittelbar ausgeschüttet und die Gesellschaft bereits 3 Monate später aus dem Gesellschaftsregister des *Companies House* gelöscht wird, während bei der GmbH zuvor das sog. Sperrjahr zu beachten ist.

Problematischer hingegen gestaltet sich die Insolvenz der Ltd in Deutschland. Während sich die Insolvenzfähigkeit und das Insolvenzantragsrecht nach deutschem Recht bestimmen, besteht bezüglich der Qualifizierung der Insolvenzantragspflicht und der Insolvenzverschleppungshaftung noch kein Konsens. Eine einheitliche insolvenzrechtliche Qualifikation könnte dieses Problem lösen, würde aber zu einem Konflikt mit der Niederlassungsfreiheit führen. In diesem Zusammenhang wird in Zukunft vor allem die Abgrenzung zwischen inländischem Insolvenzrecht und ausländischen Gesellschaftsrecht im Vordergrund der Rechtsprechung stehen.[285] Um die hohe Rechtsunsicherheit und damit die für den Gründer verbundene Risiken zu minimieren, besteht zudem die Notwendigkeit eines einheitlichen europäischen Insolvenzantragsverfahrens.[286]

---

[285] Vgl. MOCK/SCHILDT (2005), S. 492.

[286] Vgl. SCHANZER/JÜTTNER (2003a), S. 35; SCHANZER/JÜTTNER (2003b) S. 670.

3.7 Rechnungslegung, Abschlussprüfung und Publizität

3.7.1 GmbH

3.7.1.1 Buchführung und Rechnungslegung

Die in Deutschland bestehenden handelsrechtlichen Rechnungslegungsvorschriften umfassen die Pflicht zur Buchführung (§ 238 I 1 HGB), zur Aufstellung des Inventars und Durchführung der Inventur (§ 240 HGB), zur Erstellung des Jahresabschlusses (§ 242 HGB) sowie zur Aufbewahrung der Handelsbücher und der sonstigen Unterlagen (§ 257 HGB). Es ist Aufgabe des Jahresabschlusses, ein unter Beachtung der Grundsätze ordnungsgemäßer Buchführung den tatsächlichen Verhältnissen entsprechendes Bild der Vermögens-, Finanz- und Ertragslage der Gesellschaft zu vermitteln (§ 264 II 1 HGB). Gem. § 238 HGB sind diese Vorschriften für alle Kaufleute i. S. d. HGB verpflichtend.[287] Die GmbH gilt nach § 13 III GmbHG als Handelsgesellschaft[288] und ist somit Formkaufmann gem. § 6 HGB.

Die Rechnungslegungspflicht beinhaltet neben der Aufstellung der Bilanz und der GuV die Pflicht zur Erweiterung des Jahresabschlusses um einen Anhang und einen Lagebericht (§ 264 I 1 HGB).[289] Der Gesetzgeber lässt jedoch größenabhängige Erleichterungen für Kapitalgesellschaften zu. So sind kleine GmbHs i. S. d. § 267 HGB[290] nicht zur

---

[287] Vgl. CAMPOS NAVE (2004), S. 4065; GRAF/BISLE (2004b), S. 873; WESTHOFF (2005), S. 496.

[288] Vgl. KESSLER/SCHIFFERS/TEUFEL (2002), S. 79; LÜHRSEN (2005), S. 96.

[289] Vgl. KESSLER/SCHIFFERS/TEUFEL (2002), S. 79; WESTHOFF (2005), S. 496.

[290] Für eine Übersicht der verschiedenen Größenklassen siehe Anhang 6.

Aufstellung eines Lageberichts verpflichtet (§264 I 3 HGB). Ferner können sie bezüglich der Bilanz und der Gewinn- und Verlustrechnung zwischen einer Normalgliederung (§ 266 II HGB) und einer verkürzten Gliederung (§ 266 I 3 HGB) wählen und sind von bestimmten Angaben und Vorschriften befreit (§§ 274a, 276, 288 HGB).[291]

Durch das deutsche Maßgeblichkeitsprinzip (§ 5 EStG) besteht ein enger Zusammenhang zwischen der Handels- und der Steuerbilanz. Die Handelsbilanz stellt nicht nur die Grundlage für die Kapitalerhaltung und den an die Gesellschafter auszuschüttenden Gewinn dar, sie dient auch der Ermittlung des zu versteuernden Gewinns.[292] Seit dem 01.01.2005 ist zu Informationszwecken erstmalig auch die Aufstellung eines Einzelabschlusses nach den europarechtlich anerkannten IAS/IFRS-Rechnungslegungsstandards möglich.[293]

3.7.1.2 Abschlussprüfung und -bericht

Erreicht eine GmbH die Größenkriterien einer mittelgroßen oder großen Kapitalgesellschaft i. S. d. § 267 I HGB, sind deren Jahresabschluss und Lagebericht durch einen Abschlussprüfer zu prüfen (§ 317 HGB).[294]

Im Rahmen des Prüfungsberichts hat der Abschlussprüfer – unter Berücksichtigung des Lageberichts – die Möglichkeit, auf die Beurteilung des Fortbestands und der künftigen Entwicklung des Unternehmens einzugehen (§ 321 HGB). Das Ergebnis der Abschlussprüfung kommt durch den Bestätigungsvermerk (Testat) zum Ausdruck (§ 322 HGB). Der Abschlussprüfer erklärt damit die Ordnungsmäßigkeit der Rechnungslegung oder weist auf Umstände hin, die kein tatsächliches – der

---

[291] Vgl. KESSLER/SCHIFFERS/TEUFEL (2002), S. 79; LÜHRSEN (2005), S. 96 f.; WESTHOFF (2005), S. 496.

[292] Vgl. HEINZ (2004), S. 50; JUST (2005), S. 61.

[293] Vgl. HEUSER/THEILE (2005), S. 204.

[294] Vgl. GRAF/BISLE (2004b), S. 874; WESTHOFF (2005), S. 498.

Vermögens-, Finanz- und Ertragslage entsprechendes – Bild des Unternehmens vermitteln. Es besteht die Gefahr, dass der Abschlussprüfer das Testat versagt.[295]

Für die Feststellung des Jahresabschlusses ist dieser zusammen mit dem Lagebericht unverzüglich nach deren Aufstellung bzw. dem Eingang des Prüfungsberichtes der Gesellschafterversammlung vorzulegen (§ 42a GmbHG i. V. m. § 46 Nr. 1 GmbHG).[296]

3.7.1.3 Publizitäts- und Offenlegungspflicht

Die Pflicht zur Offenlegung von finanziellen Informationen und die damit verbundene Schaffung von Transparenz bezüglich der Jahresabschlüsse werden als Ausgleich für die bestehende Haftungsbeschränkung der GmbH verstanden.[297]

Die gesetzlichen Regelungen der §§ 325-229 HGB bezüglich der Publizitätspflicht von Kapitalgesellschaften beinhalten neben den vorzulegenden Unterlagen auch die Stellen und Fristen der Offenlegung. Selbst wenn für bestimmte Unterlagen keine Offenlegungspflicht besteht, müssen diese erstellt werden. Ist das Unternehmen hingegen von der Aufstellung befreit, entfällt auch die Offenlegung der Unterlagen.[298]

Die Offenlegungspflicht der GmbH ist von den Größenmerkmalen des § 267 HGB abhängig. Während eine kleine GmbH nur die Bilanz und den Anhang in gekürzter Form zum Handelsregister einzureichen hat (§ 325 i. V. m. § 326 HGB), müssen mittelgroße Kapitalgesellschaften die Bilanz, die Gewinn- und Verlustrechnung, den Anhang sowie den Lagebericht im Handelsregister publizieren (§ 325 i. V. m. § 327 HGB).

---

[295] Vgl. HÜTTCHE/V. BRANDIS (2003), S. 1; WESTHOFF (2005), S. 498.

[296] Vgl. HÜTTCHE/V. BRANDIS (2003), S. 1, 154 f.; LÜHRSEN (2005), S. 99 f.

[297] Vgl. HELLERMANN (2004), S. 233; HÜTTCHE/V. BRANDIS (2003), S. 277.

[298] Vgl. LÜHRSEN (2005), S. 98; HÜTTCHE/V. BRANDIS (2003), S. 277.

Bei großen Kapitalgesellschaften besteht für diese Unterlagen auch eine Veröffentlichungspflicht im Bundesanzeiger. Der Bundesanzeiger bietet die Möglichkeit, einen nach den europarechtlich anerkannten IAS/IFRS aufgestellten Einzelabschluss zu publizieren. Im Handelsregister ist jedoch weiterhin der nach den Vorschriften des HGB aufgestellte Jahresabschluss zu hinterlegen.[299]

Die Unterlagen müssen von der Geschäftsleitung der GmbH eingereicht werden. Die Entscheidung, welche Unternehmensdaten neben den gesetzlich vorgeschriebenen publiziert werden, treffen jedoch die Gesellschafter. Ihre Bedenken bezüglich der Publizität können insbesondere zwei Aspekte umfassen. Zum einen könnten durch die Veröffentlichung von finanziellen Informationen auch ihre persönlichen Einkommens- und Vermögensverhältnisse transparenter werden. Zum anderen besteht das Risiko des Wettbewerbsnachteils, wenn Konkurrenten, Kunden oder Lieferanten Zugang zu Informationen erlangen, die für das publizierende Unternehmen nachteilig sein könnten.[300]

Das KapCoRiLiG führte zu einer Verschärfung der Offenlegungsvorschriften und der Einführung eines eigenständigen Ordnungsgeldes (§ 335a HGB). Die zurückhaltende Handhabung dieses Mittels durch die Gerichte konnte die GmbH bisher nicht dazu anhalten, ihren Veröffentlichungspflichten nachzukommen.[301]

---

[299] Vgl. HEUSER/THEILE (2005), S. 204; KESSLER/SCHIFFERS/TEUFEL (2002), S. 79; LÜHRSEN (2005), S. 97 f.

[300] Vgl. HARTMANN (1986), S. 237; HELLERMANN (2004), S. 83.

[301] Vgl. CAMPOS NAVE (2004), S. 4065; HÜTTCHE/V. BRANDIS (2003), S. 277 f.

3.7.2 Limited

3.7.2.1 Buchführung und Rechnungslegung

Die Frage, ob die Ltd. in Deutschland der Rechnungslegung nach den §§ 238-263 HGB unterliegt, ist strittig.[302] In der Literatur wird teilweise die Auffassung vertreten, dass deutsches Recht zur Anwendung kommen müsste, da die Rechnungslegungspflicht als öffentlich-rechtliche Aufgabe zu qualifizieren sei.[303] Nach überwiegender Meinung ist die Rechnungslegung jedoch gesellschaftsrechtlicher Natur, so dass sich das maßgebliche Recht nach dem Gesellschaftsstatut bestimmt.[304] Demzufolge unterliegt die Ltd. den Rechnungslegungsvorschriften des englischen Rechts (UK-GAAP).[305]

Gem. Sec. 221 CA besteht für die Ltd. eine laufende Buchführungspflicht (*original accounting records*). Diese umfasst die Aufzeichnung der täglichen Einnahmen und Ausgaben sowie die Aufstellung eines Vermögensverzeichnisses. Ferner besteht eine dreijährige Aufbewahrungspflicht am Ort des *registered office* oder einem durch die *directors* bestimmten Ort (Sec. 222 CA).[306] Werden die Unterlagen am Verwaltungssitz der Ltd. in Deutschland aufbewahrt, müssen regelmäßig

---

[302] Vgl. JUST (2005), S. 60; O. V. (2005a), S. 144 f.; LUKE (2005), S. 51; RIEGGER (2004), S. 515.

[303] Vgl. EBERT/LEVEDAG (2003), S. 1339; NEU (2005), S. 372.

[304] Vgl. GRAF/BISLE (2004b), S. 873; wovon auch im Hinblick auf §§ 325, 325a HGB ausgegangen werden kann; vgl. LUKE (2005), S. 51.

[305] Vgl. BINGE/THÖLKE (2004), S. 31; CAMPOS NAVE (2004), S. 4065; HECKSCHEN (2004), S. R025; LUKE (2005), S. 51. Seit dem 01.01.05 besteht für die Ltd. die Möglichkeit alternativ zu den Vorschriften des CA die der IAS/IFRS anzuwenden (Sec. 226 II CA). Vgl. O. V. (2005a), S. 146 f.

[306] Vgl. GRAF/BISLE (2004b), S. 873; JUST (2005), S. 61; LUKE (2005), S. 48; WESTHOFF (2005), S. 517.

Kopien an das *registered office* geschickt werden (Sec. 222 II CA), was mit zusätzlichen Kosten verbunden ist.[307]

Zum Ende des Geschäftsjahres hat die Ltd. einen Jahresabschluss (*annual accounts*) zu erstellen (Sec. 226 CA). Der Jahresabschluss setzt sich aus der Bilanz, der Gewinn- und Verlustrechnung[308], dem Anhang, dem Geschäftsbericht der *directors* (Sec. 234 CA, Schedule 7 CA) sowie dem Prüfungsbericht[309] zusammen. Wichtigstes Gebot bei der Erstellung der Unterlagen ist die Darstellung eines wahren und angemessenen Bildes (*true and fair view*) des Geschäftsverlaufs und der Geschäftslage zum Jahresende (Sec. 226 II CA).[310]

Für kleine und mittelgroße Ltd.s[311] sind – wie bei der GmbH – Erleichterungen bei der Aufstellung des Jahresabschlusses vorgesehen (Sec.s 246, 247 CA). Demnach muss die kleine bzw. mittelgroße Ltd. nicht alle Formalien zur Bilanzerstellung einhalten und kann den Jahresabschluss in gekürzter oder vereinfachter Form zum Register einreichen.[312]

Der englische Jahresabschluss dient ausschließlich der Informationsbereitstellung.[313] Anders als das deutsche Recht kennt das englische Recht nicht die Maßgeblichkeit der Handelsbilanz für die Steuerbilanz. Aufgrund der steuerrechtlichen Vorschriften in Deutschland ist es für die Ltd. jedoch notwendig, neben dem Jahresabschluss nach UK-GAAP

---

[307] Vgl. CAMPOS NAVE (2004), S. 4064; O. V. (2005a), S. 148.

[308] Der Bilanzersteller hat hierbei ein Wahlrecht zwischen verschiedenen Formaten der Bilanz und der GuV (Schedule 4, Sec. B CA). Vgl. JUST (2005), S. 62; O. V. (2005a), S. 151-155; WESTHOFF (2005), S. 517.

[309] Siehe Kapitel 3.7.2.2.

[310] Vgl. JUST (2005), S. 61; LUKE (2005), S. 48 f.

[311] Zu den einzelnen Größenkriterien siehe Anhang 6.

[312] Vgl. JUST (2005), S. 62 f.; LUKE (2005), S. 49; O. V. (2005), S. 149 f.

[313] Vgl. GEBHARDT (1981), S. 221-248.

auch eine Bilanz nach HGB oder – sofern zulässig – nach IAS/IFRS als Basis für die Erstellung der deutschen Steuerbilanz aufzustellen.[314]

3.7.2.2 Abschlussprüfung und -bericht

Ein in England traditionell als sehr wichtig empfundenes Kontrollinstrument ist die professionelle und unabhängige Abschlussprüfung. Aus diesem Grund sind die meisten Ltd.s[315] verpflichtet, *auditors* zu bestellen, um unabhängig von der Gesellschaft[316] die Bilanz, die GuV und den Geschäftsbericht der *directors* zu prüfen.[317]

Die erste Bestellung erfolgt durch die *directors* (Sec. 385 III CA). Danach wird der *auditor* von dem *general meeting* für jeweils ein Jahr bestellt (Sec. 385 II CA).[318] Um für die Durchführung einer Prüfung zugelassen zu sein, muss der *auditor* einem vom Wirtschaftsministerium anerkannten Berufsverband angehören und eine Lizenz aufweisen.[319]

Während der Prüfung hat der *auditor* umfangreiche Informations- und Kontrollbefugnisse. Der nach Abschluss der Prüfung erstellte Prüfungsbericht (*auditors report*) erläutert dem *general meeting*, inwieweit Bilanz und GuV ein der tatsächlichen finanziellen Situation entsprechendes

---

[314] Vgl. JUST (2005), S. 61; KÜTING/HAYN (1995), S. 113; WÄLZHOLZ (2005), S. 426.

[315] Vgl. GRAF/BISLE (2004b), S. 875. Gem. Sec.s 246, 249A III, 249AA, 250 und 388 CA können sich kleine und wirtschaftlich untätige (*dormant*) Ltd.s von der Prüfungspflicht befreien lassen. Vgl. JUST (2005), S. 63; O. V. (2005a), S. 162 f.

[316] Der *auditor* darf weder Organ noch Angestellter der Gesellschaft sein; vgl. JUST (2005), S. 63; KISKER (1992), S. 75; LUKE (2005), S. 45, 50.

[317] Vgl. Sec.s 235 I, 384 I CA; GRAF/BISLE (2004b), S. 875; KASOLOWSKY (2005), S. 133; KISKER (1992), S. 75; LUKE (2005), S. 45; V. BERNSTORFF (2004), S. 502.

[318] Vgl. GRAF/BISLE (2004b), S. 875; KASOLOWSKY (2005), S. 133; KISKER (1992), S. 75; LUKE (2005), S. 50.

[319] Vgl. Sec. 249D III CA; JUST (2005), S. 63; LUKE (2005), S. 50; O. V. (2005a), S. 163.

Bild vermitteln und die gesetzlichen Angabevorschriften erfüllt wurden (Sec. 236 II CA). Für die Richtigkeit der Inhalte des *reports* haftet der *auditor* gegenüber der Gesellschaft sowie gegenüber Dritten.[320]

3.7.2.3 Publizitäts- und Offenlegungspflicht

Gewissermaßen als Korrektiv für das nicht erforderliche Mindestkapital unterliegt die Ltd. in England umfangreichen Offenlegungs- und Publizitätsvorschriften.[321] Im Hinblick auf den Gläubigerschutz hat die Offenlegung bestimmter Unterlagen im englischen Gesellschaftsrecht eine wesentlich höhere Bedeutung als in Deutschland.[322]

Nach Sec.s 242, 244, 363, 364 CA sind die *directors* dazu verpflichtet, innerhalb von 10 Monaten nach Ablauf des Geschäftsjahres den mit dem *company secretary* gemeinsam unterzeichneten Jahresabschluss beim *Companies House* einzureichen. Dort können die Unterlagen von jedem Interessierten eingesehen werden (Sec. 709 I CA).[323]

Die Publizitäts- und Offenlegungspflicht wird in Großbritannien weitaus stringenter als in Deutschland gehandhabt. Bei Nichtbeachtung der Fristen ist nach einer Abmahnung mit empfindlichen Geldstrafen gegenüber dem *director* oder dem *company secretary* zu rechnen (Sec.s 242 II, 244 CA).[324] Alternativ kann gegen den *director* ein fünfjähriges Amtsführungsverbot (*disqualification*) verhängt werden (Sec. 2 III a

---

[320] Vgl. JUST (2005), S. 64; KISKER (1992), S. 75.

[321] Vgl. FLEISCHER (2000), S. 1015; HARTMANN (2005), S. 26; LUKE (2005), S. 47, 50 f.; TRIEBEL/OTTE/ KIMPEL (2005), S. 1238; WÄLZHOLZ (2005), S. 426 f.

[322] Vgl. LUKE (2005), S. 50 f.; V. BERNSTORFF (2004), S. 502; WESTHOFF (2005), S. 517 f.

[323] Vgl. GRAF/BISLE (2004b), S. 875; JUST (2005), S. 64; HARTMANN (2005), S. 24 f.; HEINZ (2004), S. 50; KALLMEYER (2004), S. 637; LUKE (2005), S. 50 f.; WESTHOFF (2005), S. 517.

[324] Vgl. CAMPOS NAVE (2004), S. 4065; DEGENHARDT (2005a), S. 50; GRAF/BISLE (2004b), S. 875; LÜHRSEN (2005), S. 101; WÄLZHOLZ (2005), S. 426 f.; WESTHOFF (2005), S. 517 f.

CDDA).[325]

Bezüglich der Publizitätspflicht bestehen für kleine und mittelgroße Ltd.s wiederum gewisse Erleichterungen (Sec.s 246, 247 CA). Sie müssen nur eine verkürzte Bilanz mit Anhang (Schedule 6 und 8A CA) ohne den Geschäftsbericht der *directors* beim *Companies House* einreichen.[326]

Neben der Publizierung des Jahresabschluss ist die Ltd. verpflichtet, zum Ende eines jeden Geschäftsjahres eine Jahresmeldung (*annual return*; *Form 363A*) beim *Companies House* einzureichen. Innerhalb von 28 Tagen müssen in dem auch online übermittelbaren Bericht die wesentlichen Daten der Gesellschaft, wie z. B. deren Kapitalverhältnisse, aktualisiert werden (Sec.s 363-364A CA). Kommt die Ltd. ihrer Pflicht nicht nach, kann dies unter Umständen zur Löschung der Gesellschaft führen.[327]

Aus Sicht des deutschen Unternehmers wäre eine Publizierung in England vorteilhaft. Allerdings unterliegt die Ltd. nicht nur in England sondern auch am Sitz der Zweigniederlassung in Deutschland der Offenlegungspflicht (§ 325 I 1 HGB).[328] Die englische Rechnungslegung (§ 328 I 1 Nr. 1 HGB) kann in deutscher oder englischer Sprache offen gelegt werden (§ 325a I 3 f. HGB).[329]

---

[325] Vgl. CAMPOS NAVE (2004), S. 4065; HECKSCHEN (2004), S. R025; WESTHOFF (2005), S. 517 f. LANZIUS (2004), S. 297.

[326] Vgl. HEINZ (2004), S. 50 f.; JUST (2005), S. 64 und die Übersichten bei O. V. (2005a), S. 157-162.

[327] Vgl. HEINZ (2004), S. 47 f.; JUST (2005), S. 64 f.; O. V. (2005a), S. 80 f.; WESTHOFF (2005), S. 517.

[328] Vgl. HEINZ (2004), S. 52 f.; LÜHRSEN (2005), S. 101 f.; WÄLZHOLZ (2005), S. 426 f.

[329] Vgl. GRAF/BISLE (2004b), S. 875; HEINZ (2004), S. 53; O. V. (2005a), S. 164-166.

3.7.3 Zwischenfazit

Durch die Anwendung der Gründungstheorie unterliegen beide Gesellschaftsformen –GmbH wie Ltd. – den nationalen Buchführungs- und Rechnungslegungsvorschriften. Aufgrund des deutschen Maßgeblichkeitsprinzips ist für die Ltd. die zusätzliche Erstellung einer handelsrechtlichen Bilanz als Basis für die Überleitungsrechnung zur Steuerbilanz (§ 60 EStDV) erforderlich.[330] Die Anwendung der IAS/IFRS ist gegenwärtig für kleine Unternehmen keine Alternative, da es bislang keine mit dem HGB oder CA vergleichbaren Erleichterungen für kleine Gesellschaften gibt.[331] Aufgrund der von den deutschen Regeln erheblich abweichenden englischen Bilanzierungsvorschriften ist es notwendig, eine ausländische Wirtschaftsprüfungsgesellschaft mit der Erstellung bzw. Prüfung des Jahresabschlusses zu beauftragen. Die damit verbundenen, jährlich anfallenden Kosten sollten ebenso wenig unterschätzt werden wie die Kosten für die Aufbewahrung der Unterlagen in Großbritannien.[332]

Insgesamt sind die Publizitäts- und Offenlegungsvorschriften in England umfangreicher als in Deutschland. Während das deutsche Recht bei der GmbH einen gewissen Schutz des Gläubigers durch das vorgeschriebene Mindestkapital für gewährleistet hält (institutioneller Gläubigerschutz), setzt das englische Recht bei der Ltd. auf einen höheren informationellen Gläubigerschutz.[333] So existiert in Großbritannien beispielsweise die Möglichkeit eines öffentlichen elektronischen Zugriffs auf die beim *Companies House* eingereichten Unterlagen.[334]

---

[330] Vgl. KRATZSCH (2005), S. 246 f.

[331] Vgl. GRAF/BISLE (2004b), S. 875; O. V. (2005a), S. 146 f.

[332] Vgl. CAMPOS NAVE (2004), S. 4064; O. V. (2005a), S. 148; RIEGGER (2004), S. 517.

[333] Vgl. FLEISCHER (2000), S. 1015; HELLERMANN (2004), S. 160 f.; KÜTING/HAYN (1995), S. 113.

[334] Vgl. TRIEBEL/OTTE/KIMPEL (2005), S. 1239; ZÖLLNER (2006), S. 5.

Neben der Publizitätspflicht in England ist die Ltd. auch zur Offenlegung der englischen Rechnungslegungsunterlagen in Deutschland verpflichtet. Dies verursacht einen erheblichen zusätzlichen administrativen und finanziellen Aufwand.[335]

Im Hinblick auf die Rechnungslegungs-, Abschlussprüfungs- und Publizitätsvorschriften bleibt festzustellen, dass die Ltd. im Vergleich zur GmbH insgesamt deutlich schlechter gestellt ist.[336]

3.8 Steuerrecht

3.8.1 GmbH

3.8.1.1 Steuerpflicht der GmbH

Nach § 1 I Nr. 1 KStG gilt eine GmbH als unbeschränkt körperschaftsteuerpflichtig, wenn sie ihre Geschäftsleitung oder ihren Sitz im Inland hat.[337] Während nach § 11 AO mit Sitz der Satzungssitz der Gesellschaft gemeint ist,[338] ist gem. § 10 AO Anknüpfungspunkt für den Ort der Geschäftsleitung der Mittelpunkt der geschäftlichen Oberleitung, an welchem der für die Geschäftsleitung maßgebliche Wille gebildet

---

[335] Vgl. DEGENHARDT (2005a), S. 49; GRAF/BISLE (2004b), S. 875; TRIEBEL/OTTE/KIMPEL (2005), S. 1238.

[336] Vgl. LÜHRSEN (2005), S. 102.

[337] Vgl. BINNEWIES (2004), S. 211; LÜHRSEN (2005), S. 112 f.

[338] Vgl. GRAF/BISLE (2004a), S. 838. Der steuerrechtliche Begriff stimmt mit dem gesellschaftsrechtlichen Begriff des Sitzes überein, vgl. §§ 5 I, 23 III Nr. 1 AktG und §§ 4a I, 3 I Nr. 1 GmbHG.

wird.[339] Zwar ist der steuerrechtliche Begriff des Ortes der Geschäftsleitung nicht mit dem gesellschaftsrechtlichen Begriff des Verwaltungssitzes identisch,[340] stimmt in seiner Auslegung i. d. R. aber damit überein, so dass beide Begriffe synonym verwendet werden können.[341] Die unbeschränkte Steuerpflicht erstreckt sich gem. § 1 II KStG auf sämtliche weltweit erzielten Einkünfte.[342]

Neben der Körperschaftsteuerpflicht besteht die Pflicht zur Abführung von Gewerbesteuer. Nach § 2 I 1 GewStG ist Steuergegenstand jeder im Inland betriebene (stehende) Gewerbebetrieb. Die GmbH wird aufgrund ihrer Rechtsform als Gewerbebetrieb qualifiziert[343] und unterliegt somit der Gewerbesteuerpflicht.

Die Lieferungen und sonstigen Leistungen, die eine GmbH im Inland gegen Entgelt im Rahmen ihres Unternehmens erbringt, unterliegen gem. § 1 I Nr. 1 UStG i. V. m. Abschn. 16 UStR der Umsatzsteuerpflicht. Steuerschuldner ist nach § 13a I Nr. 1 UStG die GmbH selbst.[344]

3.8.1.2 Besteuerung auf Ebene der Gesellschaft

Bemessungsgrundlage für die Körperschaftsteuer ist gem. § 7 KStG das innerhalb einer Periode erzielte zu versteuernde Einkommen der Gesellschaft. Basis für die Ermittlung dieses Einkommens sind die Vorschriften des EStG sowie die Spezialregelungen der §§ 7 II, 8 I 1 KStG.

---

[339] BFH v. 16.12.1998 – I R 138/97; vgl. GRAF/BISLE (2004a), S. 838; SCHISSL (2005), S. 525 f.

[340] Vgl. EBERT/LEVEDAG (2003), S. 1344; KESSLER/MÜLLER (2003).

[341] Vgl. GRAF/BISLE (2004a), S. 838; KORTS/KORTS (2005), S. 1475.

[342] Vgl. GREFE (2002), S. 235; HÖRETH/SCHIEGL (2004), S. 10.

[343] Gem. § 2 II 1 GewStG; Abschn. 13 GewStR. Vgl. GREFE (2002), S. 282 f.

[344] Vgl. GREFE (2002), S. 287.

Hierauf ist, unabhängig von der Gewinnverwendung, ein einheitlicher Körperschaftsteuersatz von 25 % anzuwenden (§ 23 I KStG).[345]

Die festgesetzte Körperschaftsteuer ist Bemessungsgrundlage für die Ermittlung des Solidaritätszuschlags, welcher gem. § 4 SolZG 5,5 % der Körperschaftsteuer beträgt, so dass sich eine körperschaftsteuerliche Gesamtbelastung i. H. v. 26,38 % ergibt.[346]

Werden die Gewinne von der Gesellschaft an die Gesellschafter ausgeschüttet, unterliegen sie einer Kapitalertragsteuer i. H. v. 20 % des ausgeschütteten Gewinns (§§ 43 I Nr. a, 43a I Nr. 1 EStG). Diese muss von der GmbH einbehalten und an das zuständige Finanzamt abgeführt werden.[347]

Bei GmbH bemisst sich der Gewerbeertrag als Bemessungsgrundlage für die zu entrichtende Gewerbesteuer nach § 7 1 GewStG gekürzt bzw. vermehrt um die in den §§ 8 und 9 GewStG genannten Beträge. Multipliziert man den Gewerbeertrag mit der Steuermesszahl[348] sowie dem Hebesatz der steuerberechtigten Gemeinde (§ 16 GewStG), ergibt sich die Gewerbesteuerschuld.

Führt die GmbH umsatzsteuerpflichtige Lieferungen und sonstige Leistungen i. S. d. § 1 I Nr. 1 UStG gegen Entgelt aus, bildet dieses gem. §§ 10 und 17 UStG die Bemessungsgrundlage für die abzuführende Umsatzsteuer.

---

[345] Vgl. GREFE (2002), S. 238, 264; LÜHRSEN (2005), S. 113.

[346] Vgl. GREFE (2002), S. 264.

[347] Vgl. HÖRETH/SCHIEGL (2004), S. 10.

[348] Gem. § 11 II Nr. 2 GewStG beträgt diese bei Kapitalgesellschaften unabhängig von der Höhe des Gewerbeertrages 5 % Vgl. GREFE (2002), S. 307.

3.8.1.3 Besteuerung auf Ebene der Gesellschafter

Thesaurierte Gewinne der GmbH führen aufgrund des Zuflussprinzips[349] bei den Gesellschaftern zu keiner Besteuerung. Werden diese jedoch an die Gesellschafter ausgeschüttet, unterliegen sie bei natürlichen Personen als Einkünfte aus Kapitalvermögen dem sog. Halbeinkünfteverfahren gem. § 3 Nr. 40 EStG, welches eine hälftige Besteuerung der Gewinneinkünfte vorsieht. Die zuvor von der GmbH einbehaltene Kapitalertragsteuer wird auf die Einkommensteuer angerechnet.[350] Zusätzlich muss der Gesellschafter Solidaritätszuschlag sowie ggf. Kirchensteuer[351] zahlen.[352] Handelt es sich bei der Anteilseignerin jedoch um eine Kapitalgesellschaft, bleiben die ausgeschütteten Gewinne aufgrund des Dividendenprivilegs gem. § 8b I 1 KStG steuerfrei.[353]

Bei Veräußerung von GmbH-Anteilen durch eine natürliche Person sind für die Besteuerung des Veräußerungsgewinns die Haltefrist sowie die Beteiligungsquote an der Gesellschaft ausschlaggebend. Eine Besteuerung nach dem sog. Halbeinkünfteverfahren gem. § 3 Nr. 40 lit. b EStG erfolgt nur, sofern die Anteile weniger als ein Jahr im Besitz des Anteilseigners waren bzw. es sich um eine wesentliche Beteiligung handelt (§ 17 I EStG). Veräußert hingegen eine Kapitalgesellschaft Anteile an der GmbH, sind diese zu 95 % von der Besteuerung befreit (§ 8b III 1 KStG).

---

[349] Vgl. KUßMAUL/TERNIG (2004), S. 1161.

[350] Vgl. FÖRSTER (2001), S. 1235; HÖFLACHER/ WENDLANDT (2001), S. 795; SCHREIBER (2002), S. 557.

[351] Gem. § 51 II EStG ist Bemessungsgrundlage der Kirchensteuer die Einkommensteuer. Ein Abzug der Steuerermäßigungen des § 35 EStG von der Einkommensteuer wird nicht gestattet.

[352] Vgl. KUßMAUL/TERNIG (2004), S. 1161; LÜHRSEN (2005), S. 113 f.

[353] Vgl. GREFE (2002), S. 256 f.

Kommt es im Rahmen der Unternehmensnachfolge zu einer Übertragung von Anteilen an einer GmbH, so sind diese zu Bewertungszwecken mit dem gemeinen Wert gem. § 11 II BewG anzusetzen.[354] Dieser bildet die Basis für die Ermittlung der anfallenden Schenkung- bzw. Erbschaftsteuer.[355] Im Schenkungs- oder Erbfall werden dem Erben die Begünstigungen i. S. d. § 13a IV Nr. 3 ErbStG für die Anteile an der GmbH i. S. d. § 12 II ErbStG i. V. m. den §§ 95, 99 BewG gewährt, sofern es sich bei der GmbH um inländisches Betriebsvermögen handelt und der Schenker bzw. Erblasser zum Zeitpunkt der Übertragung zu mindestens 25 % beteiligt war. Des Weiteren sieht § 19a II Nr. 3 ErbStG den Abzug eines Entlastungsbetrags vor, sofern die Gesellschaft mindestens fünf Jahre fortgeführt wird (§ 19a V ErbStG).[356]

3.8.2 Limited

3.8.2.1 Steuerpflicht der Limited

Liegt der Verwaltungssitz einer Ltd. in Deutschland, ist zu prüfen, ob sie unter den Katalog der unbeschränkt körperschaftsteuerpflichtigen Gesellschaften des § 1 I Nr. 1-6 KStG fällt und ihr somit die Steuersubjektfähigkeit zugesprochen werden kann. Ist dies nicht der Fall, liegt keine Körperschaftsteuerpflicht vor und ihr Gewinn muss den Ge-

---

[354] Gem. R96 I ErbStR ist der gemeine Wert, soweit er nicht aus weniger als ein Jahr zurückliegenden Verkäufen abgeleitet werden kann, unter Berücksichtigung des Vermögens und der Ertragsaussichten der Kapitalgesellschaft mittels des „Stuttgarter Verfahrens" zu schätzen.

[355] Vgl. JORDE/GÖTZ (2003), S. 1815; WACHTER (2005b), S. 419.

[356] Vgl. JORDE/GÖTZ (2003), S. 1816; JÜLICHER (2005a), S. 313 f.

sellschaftern als Mitunternehmern anteilig zugeschrieben werden (§ 15 I Nr. 1 EStG).[357]

Aufgrund der in der Vergangenheit herrschenden Sitztheorie in Deutschland wurde die Ltd. zivilrechtlich als nicht rechtsfähig angesehen und konnte damit auch kein Körperschaftsteuersubjekt sein. Sie wurde als nicht rechtsfähiger Verein i. S. d. § 1 I Nr. 5 KStG eingeordnet, was zu erheblichen negativen Folgen führte, wie z. B. bezüglich der Steuerfreiheit von Gewinnausschüttungen an Kapitalgesellschaften (§ 8b KStG). Nach der aktuellen EuGH-Rechtsprechung und der damit verbundenen anzuerkennenden Rechtsfähigkeit ausländischer Gesellschaften ist die Ltd. mit Verwaltungssitz in Deutschland als unbeschränkt steuerpflichtige Kapitalgesellschaft i. S. d. § 1 I Nr. 1 KStG anzusehen.[358]

Steuerrechtlich wird die Beurteilung der Steuersubjektfähigkeit einer ausländischen Gesellschaft anhand eines zweistufigen Rechtstypenvergleichs[359] durchgeführt. Aus dem Anhang zum Betriebsstättenerlass ergibt sich, dass die Ltd. und die deutsche GmbH strukturell vergleichbar sind und bezüglich ihrer Rechtsfähigkeit übereinstimmen.[360]

Neben der unbeschränkten Körperschaftsteuerpflicht in Deutschland unterliegt die Ltd. auch in Großbritannien nach Sec. 66 I Finance Act 1988, der sog. *incorporation rule*, der Steuerpflicht. Danach wird das gesamte Welteinkommen einer in England gegründeten oder dort ansässi-

---

[357] Vgl. GRAF/BISLE (2004a), S. 838.

[358] Vgl. EBERT/LEVEDAG (2003), S. 1345; GRAF/BISLE (2004a), S. 838.

[359] Vgl. BINNEWIES (2004), S. 212; DIERKSMEIER (2005), S. 1522; GRAF/BISLE (2004a), S. 838 f.; JACHMANN/KLEIN (2005), S. 378; LUKE (2005), S. 62. Zu den Kriterien des Rechtstypenvergleichs siehe SCHNITTKER/LEMAITRE (2003), S. 1314-1320.

[360] Vgl. BMF Schr. v. 24.12.1999, IV – S 1300 – 111/99, S. 1114, Tabelle 1; EBERT/LEVEDAG (2003), S. 1344; GRAF/BISLE (2004a), S. 838 f.; KORTS/KORTS (2005), S. 1474; MEILICKE (2003), S. 793; NEU (2005), S. 371.

gen Ltd. – vergleichbar mit der Systematik in § 1 I KStG – der britischen Körperschaftsteuer unterworfen.[361]

Kommt es zu einer Doppelansässigkeit einer juristischen Person, bestimmt Art. 2 I lit. h Unterabs. iii des DBA D/GB, die sog. *„tie-breaker-rule"*,[362] dass die Gesellschaft am Ort ihrer tatsächlichen Geschäftsleitung als ansässig gilt. Lediglich die in Großbritannien erzielten Einkünfte sind demnach auch dort zu versteuern.[363] Für den Fall der zugezogenen Ltd. bedeutet dies, dass Deutschland das Besteuerungsrecht zukommt und die Gesellschaft in England als *non-resident* gilt. Beim Wegzug aus Großbritannien erfolgt jedoch eine Schlussbesteuerung nach englischem Recht.[364]

Verlegt eine Ltd. ihren Verwaltungssitz nicht nach Deutschland, um in den Genuss der steuerlichen Vergünstigungen in Großbritannien zu kommen, ist es notwendig sicherzustellen, dass keine Betriebstätte[365] in Deutschland begründet wird, da sie nach Art 3 I DBA D/GB mit ihren inländischen Einkünften steuerpflichtig würde. In diesem Fall wäre in beiden Ländern regelmäßig eine Steuererklärung abzugeben, selbst wenn kein zu versteuerndes Einkommen erzielt würde.[366]

---

[361] Vgl. GRAF/BISLE (2004a), S. 839; HIRSCH (2003), S. 1102; JACHMANN/KLEIN (2005), S. 378; KORTS/ KORTS (2005), S. 1474.

[362] Vgl. GRAF/BISLE (2004a), S. 839; JACHMANN/KLEIN (2005), S. 379; NEU (2005), S. 372; SCHISSL (2005), S. 534. Die Regelung wurde von England in nationales Steuerrecht übernommen (Sec. 249 Income Tax Act 1988); vgl. EBERT/LEVEDAG (2003), S. 1344.

[363] Sec. 249 Finance Act 1994; vgl. HIRSCH (2003), S. 1102.

[364] Sec. 185 Taxation of Chargeable Gains Act 1992. Verlegt eine gegründete Ltd. ihren Verwaltungssitz sofort ins Ausland, ist die Besteuerung, aufgrund der fehlenden stillen Reserven, unerheblich. Vgl. FRÈRE/ JÄGER (2005), S. 98 f.; HEINZ (2005), S. 63; JUST (2005), S. 68.

[365] Als Betriebstätten gelten insbesondere die Einrichtungen des Art. II Abs. 1 lit. 1 Unterabs. ii DBA D/GB; davon ausgenommen sind die Nennungen des Art. 2 I lit. 1 Unterabs. iii DBA D/GB.

[366] Vgl. CAMPOS NAVE (2004), 4059; HAPP/HOLLLER (2003), S. 736.

Ebenso wie bei der GmbH besteht für die Ltd. Gewerbesteuer- und Umsatzsteuerpflicht, wenn die notwendigen Voraussetzungen dafür erfüllt werden.

3.8.2.2 Besteuerung auf Ebene der Gesellschaft

Die Ltd. unterliegt als unbeschränkt körperschaftsteuerpflichtiges Rechtssubjekt i. S. d. § 1 I Nr. 1 KStG den Vorschriften des KStG.[367] Demnach muss sie bei ausschließlicher Tätigkeit im Inland für die gesamten Einkünfte ihrer inländischen Betriebstätte Körperschaftsteuer inklusive Solidaritätszuschlag abführen.[368]

Gem. § 8 II KStG sind die Einkünfte der Ltd. als Einkünfte aus Gewerbebetrieb zu behandeln und somit gewerbesteuerpflichtig.[369] Dies ist auch der Fall, wenn die Ltd. von Freiberuflern betrieben wird. Die Nutzung von Freibeträgen oder des Abzugs der Gewerbesteuer von der Einkommensteuer ist in diesem Fall, anders als bei den Personengesellschaften, nicht möglich.[370] Tätigt die Ltd. umsatzsteuerpflichtige Lieferungen und Leistungen, unterliegt sie auch der Umsatzsteuerpflicht, so dass sich bezüglich der Besteuerung der Einkünfte im Ergebnis kein Unterschied zur GmbH ergibt.[371]

---

[367] Vgl. BINNEWIES (2004), S. 211 f.; BRÖDER (2005), S. 303; CAMPOS NAVE (2004), S. 4067; DEGENHARDT (2005a), S. 49; EBERT/LEVEDAG (2003), S. 1345; JUST (2005), S. 67; LÜHRSEN (2005), S. 118.

[368] Vgl. JUST (2005), S. 67; WÄLZHOLZ (2005), S. 427.

[369] Vgl. HÖRETH/SCHIEGL (2004), S. 11 f.; JUST (2005), S. 67; KORTS/KORTS (2005), S. 1475; LÜHRSEN (2005), S. 118; NEU (2005), S. 373.

[370] Vgl. SILBERBERGER/BUHL (2005), S. 55; V. BERNSTORFF (2004); S. 502.

[371] Vgl. BRÖDER (2005), S. 303; HÖRETH/SCHIEGL (2004), S. 11 f.; JUST (2005), S. 67.

3.8.2.3 Besteuerung auf Ebene der members

Neben der steuerlichen Belastung der Gesellschaft sind die Steuern, die auf Ebene der Anteilseigner anfallen, zu berücksichtigen. Diese hängen von verschiedenen Faktoren wie der Art der Einkünfte, der persönlichen Steuerpflicht, aber auch dem Beteiligungsverhältnis ab.[372]

Gem. Sec. 263 CA können Dividenden nur ausgeschüttet werden, sofern die erwirtschafteten Gewinne seit Bestehen der Gesellschaft die kumulierten Verluste übersteigen. Da die in Deutschland tätige Niederlassung der Ltd. kein selbständiges Unternehmen ist, wird sie organisatorisch der englischen Ltd. zugeordnet. Dies führt dazu, dass die Quelle der Einkünfte in Großbritannien liegt und der *member* diese dort zu versteuern hat.[373]

Handelt es sich bei dem *member* der inländischen Ltd. um eine in Deutschland unbeschränkt steuerpflichtige natürliche Person, unterliegen die Dividenden als Einkünfte aus Kapitalvermögen gem. § 20 I Nr. 1 EStG der deutschen Steuerpflicht. Da beide Staaten einen Steueranspruch haben, liegt ein Fall der Doppelbesteuerung vor, welcher durch das DBA D/GB gelöst werden muss. Dieses besagt, dass die Dividenden der in England steuerpflichtigen Ltd. nicht an der Quelle besteuert werden, sondern in Deutschland gem. § 20 I Nr. 1 EStG als Einkünfte aus Kapitalvermögen gelten. Sie unterliegen somit dem Halbeinkünfteverfahren nach § 3 Nr. 40 1 lit. d EStG.[374] Werden die Anteile an einer Ltd. hingegen von einer Körperschaft gehalten, so sind die Gewinnausschüttungen von der Körperschaftsteuer befreit (§ 8b I KStG).[375]

---

[372] Vgl. HEINZ (2005), S. 62 f.

[373] Vgl. CAMPOS NAVE (2004), S. 4067 f.; KORTS/KORTS (2005), S. 1476. Gem. Art. 18 II des DBA D/GB ist die Quellensteuer auf die deutsche Einkommensteuer anrechenbar; vgl. BRÖDER (2005), S. 303.

[374] Vgl. BRÖDER (2005), S. 303; HEINZ (2005), S. 62 f.; JUST (2005), S. 68; KORTS/KORTS (2005), S. 1476.

[375] Vgl. GRAF/BISLE (2004a), S. 840; JUST (2005), S. 68; NEU (2005), S. 375.

Kommt es zu einer Veräußerung von Anteilen einer Ltd., welche sich im Betriebsvermögen des Anteilseigners befinden, ist diese nach den regulären Grundsätzen der Bilanzierung steuerpflichtig. Befinden sich die Anteile jedoch im Privatvermögen des Anteilseigners, erfolgt eine Besteuerung nach § 17 EStG. Nach der Anlage zu § 23 UmwStG ist die englische Ltd. mit der deutschen GmbH vergleichbar und gehört damit i. S. d. § 17 I EStG zu den ähnlichen Beteiligungen. Infolgedessen ist der Gewinn bei der Anteilsveräußerung in Deutschland steuerpflichtig. Zudem wird für die Anteilsübertragung an der Ltd. eine britische Verkehrsteuer i. H. v. 0,5 % des Gegenleistungsbetrages fällig.[376]

Bei der Vererblichkeit von Anteilen einer Ltd. ist vorab die Frage des anwendbaren Rechts zu klären.[377] Sowohl aus Sicht des englischen als auch des deutschen[378] Kollisionsrechts ist für die Vererblichkeit deutsches materielles Erbrecht maßgeblich, sofern der Erblasser zum Zeitpunkt seines Todes deutscher Staatsangehöriger war und seinen Wohnsitz im Inland hatte. Die Anteile gelten sowohl nach deutschem als auch nach englischem Recht als bewegliche Sachen.[379] Oft stellt die Bewertung des ausländischen Vermögens, für welches ausschließlich die gemeinen Werte anzusetzen sind, ein Problem dar.[380] Noch nicht abschließend geklärt werden konnte, ob die für die Übertragung von Kapitalgesellschaftsanteilen im Erbschafts- und Schenkungsteuerrecht vorgesehenen Vergünstigungen gem. §§ 13a IV Nr. 3, 19a II Nr. 3 ErbStG auch auf die englische Ltd. mit Geschäftsleitung in Deutschland Anwendung finden.[381]

---

[376] Vgl. WÄLZHOLZ (2005), S. 428.

[377] Vgl. SÜß (2005), S. 673 f.; WACHTER (2005b), S. 414.

[378] Vgl. Art. 25 I EGBGB.

[379] Vgl. WÄLZHOLZ (2005), S. 428.

[380] § 12 I ErbStG i. V. m. § 9 BewG. Vgl. JORDE/GÖTZ (2003), S. 1815, Fn. 35.

[381] Vgl. GEBEL (2005), S. 12; JÜLICHER (2005b), S. 76; WACHTER (2005b), S. 419. Für eine Anerkennung sprechen sich aus: KRATZSCH (2005), S. 252 f.; NEU (2005), S. 376 m. w. N.

Zudem ist bei einer Ltd. mit Sitz in England ein englisches Nachlassverfahren durchzuführen, bei welchem die Anteile vor der Übergabe an die Erben zuerst auf einen *executor* oder *administrator* übergehen. Um dieses Verfahren zu umgehen, besteht die Möglichkeit, eine Ltd. & Co. KG[382] zu errichten oder die Anteile in eine deutsche GbR einzubringen. Es ist daher anzuraten, ein auch im englischen Recht wirksames Testament zu verfassen, welches die Besonderheiten der englischen Nachlassabwicklung berücksichtigt.[383]

3.8.3 Kritische Würdigung

Die Anerkennung der Ltd. mit Verwaltungssitz in Deutschland als unbeschränkt steuerpflichtige Kapitalgesellschaft i. S. d. § 1 I Nr. 1 KStG hat dazu geführt, dass sie der GmbH steuerlich gleichgestellt ist. Dies hat zur Konsequenz, dass im Inland für die Ltd. keine steuerlichen Vorteile gegenüber der GmbH zu erzielen sind.[384]

Von den Angeboten einiger Ltd.-Anbieter, die deutsche Steuerpflicht umgehen zu können[385] und die Ltd. als Steuersparmodell zu nutzen, ist dringend abzuraten. Es wird suggeriert, dass, wenn die Geschäfte zum Schein von dem *registered office* in Großbritannien aus geführt würden, keine inländische Betriebstätte und somit auch keine unbeschränkte Steuerpflicht im Inland bestünde. Dies ist jedoch nur der Fall, wenn sich Satzungs- und Verwaltungssitz tatsächlich in Großbritannien be-

---

[382] Siehe dazu ausführlich Kapitel 3.9.

[383] Vgl. FRICK (2005), S. 9; SÜß (2005), S. 673 f.; WÄLZHOLZ (2005), S. 428; sowie vor allem WACHTER (2005b), S. 414 f.

[384] Vgl. DIERKSMEIER (2005), S. 1522; HÖRETH/SCHIEGL (2004), S. 11 f.; SCHIESSL (2005), S. 539; SILBERBERGER/BUHL (2005), S. 55; WÄLZHOLZ (2005), S. 430.

[385] Vgl. SILBERBERGER/BUHL (2005), S. 55.

finden, ansonsten handelt es sich um einen Missbrauch von rechtlichen Gestaltungsmöglichkeiten, welcher strafrechtliche Aspekte aufwirft.[386]

Zwar verfügt Großbritannien über günstigere Steuersätze,[387] jedoch gestaltet sich die Ausnutzung dieses steuerlichen Vorteils aufgrund des DBA D/GB als äußerst schwierig. Aufgrund ihrer doppelten Ansässigkeit werden die Einkünfte der Ltd. in England freigestellt und unterliegen ausschließlich in Deutschland der Besteuerung. Sollten vereinzelt doch Steuern im Ausland gezahlt werden müssen, erlaubt das entsprechende DBA deren Anrechnung in Deutschland.[388]

Bei der individuellen Steuerplanung ist die Hinzuziehung eines international versierten Steuerberaters anzuraten. Dieser kann unter Einbeziehung sämtlicher Einkünfte des Steuerpflichtigen sowie der steuerlichen Vorteile, die das DBA bietet, die günstigste Gestaltung herausarbeiten.[389] Generell bleibt festzustellen, dass die abkommensrechtlichen Gestaltungsmöglichkeiten einer international tätigen Ltd. größer sind als die einer nur national operierenden Ltd., bei welcher aufgrund der in einigen Fragestellungen noch unklaren Rechtslage die Nachteile überwiegen.[390]

Dazu gehört neben der Besteuerung von Anteilsübertragungen insbesondere die kostenaufwendigere steuerliche Beratung. So ist aufgrund des Bilanzierungsrechts nach UK-GAAP[391] zur Erstellung der deutschen Steuerbilanz eine Überleitungsrechnung notwendig, welche erfahrungs-

---

[386] Vgl. § 42 AO; KORTS/KORTS (2005), S. 1477; LUKE (2005), S. 61.

[387] Vgl. EBERT/LEVEDAG (2002), S. 1344 f. sowie die Übersicht bei WACHTER (2004a), S. 95.

[388] Vgl. HAPP/HOLLER (2004), S. 736; HÖRETH/SCHIEGL (2004), S. 11 f.; LÜHRSEN (2005), S. 118.

[389] Hierunter fällt z. B. auch Art. 11 III DBA D/GB, nach welchem in Deutschland ansässige *directors* die Möglichkeit haben, ihre Vergütung abschließend der günstigeren Einkommensbesteuerung in Großbritannien zu unterwerfen. Vgl. HEINZ (2005), S. 60.

[390] Allerdings bergen diese auch Risiken, wie z. B. die Gefahr einer Doppelbesteuerung. Vgl. NEU (2005), S. 376; WÄLZHOLZ (2005), S. 430.

[391] Vgl. CAMPOS NAVE (2004), S. 4065 sowie Kapitel 3.7.2.1.

gemäß nur von Spezialisten durchgeführt werden kann.[392]

3.9 Exkurs: Gesellschaftsrechtliche Mischformen

Für den Mittelstand stellt sich im Rahmen der Rechtsformwahl oft die Frage nach der Möglichkeit einer Typenvermischung, welche die Vorteile einer Personengesellschaft mit denen einer Kapitalgesellschaft kombiniert. Hierfür eignen sich besonders „zusammengesetzte Rechtsformen" wie die (ausländische) Kapitalgesellschaft & Co. KG.[393]

3.9.1 GmbH & Co. KG

Eine KG ist gem. § 161 HGB „eine Gesellschaft, deren Zweck auf den Betrieb eines Handelsgewerbes unter gemeinschaftlicher Firma gerichtet ist". Die GmbH & Co. KG gilt rechtssystematisch demnach als Personengesellschaft. Ihre Besonderheit besteht darin, dass der unbeschränkt haftende Gesellschafter keine natürliche Person ist, sondern die Rechtsform einer GmbH, der sog. Komplementär-GmbH, aufweist. Bei einer „typischen" oder „echten" GmbH & Co. KG ist diese alleinige Komplementärin. Zumeist handelt es sich bei den Kommanditisten um natürliche Personen, welche zugleich Gesellschafter der GmbH sind.[394] Mit der Haftungsbeschränkung der Gesellschafter auf ihre Kapitaleinlage unterteilt in die GmbH- sowie Kommandit-Einlage

---

[392] Vgl. GAGEUR (2004/2005), S. 24; HECKSCHEN (2004), R025.

[393] Vgl. FÖRSTER/BRINKMANN (2002), S. 1289; HIRTE (2003), S. 5.

[394] Vgl. BINZ/SORG (2005), S. 1, 5; DEFFLAND (2004), S. 271, 274; ESCH (1991), S. 1129; KÖNIG/SURETH (2002), S. 44; STREIM/KLAUS (1994), S. 1109; WACHTER (2004a), S. 95.

unterliegt die GmbH & Co. KG einer haftungsrechtlichen Sonderstellung.[395]

Die Vertretung und die Geschäftsführung obliegen gem. §§ 114, 164, 170 HGB der Komplementär-GmbH. In der typischen GmbH & Co. KG führt der GmbH-Geschäftsführer die Geschäfte der GmbH sowie die der KG.[396] Im Rahmen des KapCoRiLiG wurden die für Kapitalgesellschaften geltenden Rechnungslegungs-, Prüfungs- und Offenlegungsvorschriften für die GmbH & Co. KG übernommen.[397]

Steuerrechtlich unterliegen die Gewinne der GmbH & Co KG als Einkünfte aus Gewerbebetrieb gem. § 15 EStG bei den Gesellschaftern direkt der Einkommensteuer. Die Anrechnungsmöglichkeit der Gewerbesteuer gem. § 35 EStG sowie erbschaftsteuerliche Aspekte machen die GmbH & Co. KG im Vergleich zur reinen GmbH äußerst interessant.[398]

3.9.2 Limited & Co. KG

Die Komplementärfähigkeit einer ausländischen Kapitalgesellschaft wie bei der Ltd. & Co. KG ist in Deutschland mittlerweile zivilrechtlich anerkannt.[399] Die in der Rechtslehre teilweise vertretenen Bedenken, eine ausländische Kapitalgesellschaft könne nicht Komplementärin einer KG

---

[395] Vgl. BINZ/SORG (2005), S. 5; FÖRSTER/BRINKMANN (2002), S. 1291; KÖNIG/SURETH (2002), S. 44.

[396] Vgl. KÖNIG/SURETH (2002), S. 44; SCHEIDLE (1986), S. 2066; dazu ausführlich DEFFLAND (2004).

[397] Vgl. BINZ/SORG (2005), S. 305-310; HÖFNER (2004), S. R481 f.; KÖNIG/SURETH (2002), S. 44.

[398] Vgl. FRÖHLICH (2004), S. 186; HEIDEMANN (2005), S. 427-432. Zum Vergleich der laufenden Steuerbelastung einer mittelständischen GmbH mit einer GmbH & Co. KG siehe KUßMAUL/TERNIG (2004), S. 1161-1165.

[399] Vgl. BINZ/MAYER (2003), S. 250-256; WACHTER (2005c), S. 1181-1185.

sein,[400] werden in der Literatur sowie von der ständigen Rechtsprechung nicht geteilt.[401] Durch die neuere EuGH-Rechtsprechung kann eine Ltd. auch Komplementärin einer KG sein, wenn deren Verwaltungssitz im Inland liegt.[402] Die Handelsregistereintragung der KG kann einzig von der Notwendigkeit der gleichzeitigen Eintragung der Ltd. abhängig gemacht werden.[403]

Zu den wichtigsten Vorteilen der Ltd. & Co. KG gegenüber der isolierten Ltd. gehört, dass sich der Gründer durch Austausch der Ltd. durch eine GmbH unkompliziert aus dieser Gesellschaftsform zurückziehen kann.[404]

Im Vergleich zur GmbH & Co. KG hat die Ltd. & Co. KG den Vorteil, dass die Notwendigkeit der Mindestkapitalaufbringung und der Kapitalerhaltungsschutz entfallen. Des Weiteren unterliegt sie nicht wie die GmbH & Co. KG der Mitbestimmung nach § 4 I MitbestG.[405] Die etwaige schnellere und kostengünstigere Gründung der Ltd. wird durch die Komplementärfähigkeit der Vor-GmbH relativiert.[406]

Nachteilig wirkt sich bei der Ltd. & Co. KG die Rechtsunsicherheit aufgrund der Vermischung mehrerer Rechtsformen aus, deren Schnittstellen höchstrichterlich noch nicht geklärt sind. Die damit verbundene kontinuierliche Berücksichtigung und Abstimmung ineinander greifen-

---

[400] Vgl. AmtsG Bad Oeynhausen v. 15.03.02 – Az. 16 AR 15/05. Zur Kritik dieser Entscheidung siehe insbesondere KOWALSKI/BORMANN (2005), S. 1045-1048.

[401] Vgl. z. B. LG Bielefeld v. 11.08.2005 – Az. 24 T 19/05; BINZ/SORG (2005), S. 539 f.

[402] Vgl. BINZ/SORG (2005), S. 540 m. w. N.; O. V. (2005a), S. 192; SÜß (2005), S. 673; WACHTER (2004a), S. 95; WACHTER (2006), S. 79; WERNER (2005), S. 291; ZIMMER (2003), S. 3587; ZÖLLNER (2006), S. 9.

[403] Vgl. WERNER (2005), S. 291; ZÖLLNER (2006), S. 9; anderer Ansicht hingegen SÜß (2005), S. 674.

[404] Vgl. WÄLZHOLZ (2005), S. 429.

[405] Vgl. BINZ/MAYER (2003), S. 249 f.; O. V. (2005a), S. 193; insbesondere WERNER (2005), S. 292-294.

[406] Vgl. WACHTER (2006), S. 79.

der gesellschaftsrechtlicher Vorgaben erfordert einen hohen Verwaltungs- und Beratungsaufwand. Ferner entstehen der Gesellschaft zusätzliche laufende Kosten für die Vorhaltung des *registered office* und des *company secretary* sowie die Erfüllung der Anzeige- und Publizitätspflichten der Ltd. in England.[407]

3.9.3 Zwischenfazit

Grundsätzlich bieten sowohl die GmbH & Co. KG als auch die Ltd. & Co. KG dieselben gesellschaftsrechtlichen Vorzüge, welche zur Wahl beider Rechtsformen motivieren. Die für die Personengesellschaft charakteristische Selbstorganschaft kann umgangen werden, indem außenstehende Dritte mit der Geschäftsleitung betraut werden. Selbst wenn kein Gewinn erwirtschaftet wird, besteht ein Entnahmerecht. Gegenüber der GmbH & Co. KG bietet die Ltd. & Co. KG ein noch höheres Maß an Kapitalflexibilität. Für den Fall, dass die GmbH & Co. KG der Mitbestimmungspflicht unterliegt, bietet die Ltd. & Co. KG eine gute Alternative, da der Mitbestimmungseinfluss dort geringer ist. Die Vorteile der Ltd. & Co. KG sind jedoch gegen die Notwendigkeit der Berücksichtigung zweier Rechtsordnungen und die damit verbundenen zusätzlichen Verwaltungs- und Beratungskosten abzuwägen.[408]

---

[407] Vgl. WACHTER (2006), S. 79, 85; WERNER (2005), S. 294.
[408] Vgl. FRÖHLICH (2004), S. 187; WERNER (2005), S. 294.

4 ZUSAMMENFASSUNG UND AUSBLICK

4.1 Zusammenfassender Vergleich von GmbH und Limited

Die Rechtsprechung des EuGH zur Niederlassungsfreiheit von Gesellschaften hat in der Praxis zu einem Angebot von zahlreichen ausländischen Rechtsformalternativen zu den in Deutschland bestehenden Gesellschaftsformen geführt. Viele Existenzgründer ziehen in jüngster Zeit die Gründung einer ausländischen Gesellschaftsform – insbesondere einer Ltd. – in Erwägung. Die Kenntnis über die Vor- und Nachteile dieser Gesellschaftsform in Vergleich zur GmbH ist daher von hoher Relevanz.

Einer der wesentlichen Vorteile der Ltd. besteht laut deren Befürwortern in der schnellen, unkomplizierten und kostengünstigen Gründung der Gesellschaft. Diese Auffassung konnte im Rahmen der vorliegenden Untersuchung nicht geteilt werden. Verglichen mit den Kosten- und Zeitaufwendungen für die Gründung und Eintragung einer GmbH in Deutschland sind die der Ltd. in England zwar geringer, nicht berücksichtigt wird dabei jedoch, dass die Ltd. in Deutschland – um dort wirtschaftlich tätig werden zu können – dem Registerzwang unterliegt. Dies hat die Notwendigkeit eines Eintragungsverfahrens der Zweigniederlassung der Ltd. in das deutsche Handelsregister zur Konsequenz. Die dadurch entstehenden zusätzlichen Aufwendungen aufgrund notwendiger Übersetzungen und Beglaubigungen liegen teilweise sogar höher als die Aufwendungen bei der Gründung einer GmbH, was oft verschwiegen wird und den vermeintlichen Vorteil der Ltd. sehr schnell relativiert. Ferner müssen die mit der Gründung in Verbindung stehenden Folgekosten berücksichtigt werden. Insbesondere die laufenden Kosten für die Unterhaltung des *registered offices* und des *company secretary* sowie die Aufwendungen für die Aufstellung und Veröffentlichung der Jahresabschlüsse in zwei unterschiedlichen Rechtssystemen stellen –

speziell für kleinere Unternehmen – beachtliche, nicht zu unterschätzende Kosten dar.

Mit der Gründung in engem Zusammenhang stehen die Vorschriften zur Kapitalaufbringung. Das Mindeststammkapital der GmbH beträgt 25.000 €, welches – sofern die Gesellschaft über mindestens zwei Gesellschafter verfügt – hälftig einzuzahlen ist. Die Tatsache, dass bei der Ltd. trotz Haftungsbeschränkung keine Pflicht zur Einlage eines Mindeststammkapitals besteht, macht diese Gesellschaftsform besonders für Kleinstgründungen attraktiv, welche die Mindesteinlage von 12.500 € nicht aufbringen können. Dem Gründer muss jedoch bewusst sein, dass der Kapitalbedarf der Ltd. i. d. R. einer Finanzierung bedarf und die Kreditwürdigkeit der Gesellschaft aus Sicht der Gläubiger bei Verringerung der Kapitalausstattung zunehmend sinkt. Die GmbH hingegen verfügt aufgrund ihres höheren Stammkapitals über eine bessere Reputation bezüglich ihrer Kreditwürdigkeit und damit über eine breitere Akzeptanz im inländischen Geschäftsverkehr.

Letztendlich könnte aus Sicht des Gründers auch die potentielle Vermeidung der deutschen Arbeitnehmermitbestimmung für die Wahl der Ltd. als Rechtsform sprechen. Während die unternehmerischen Mitbestimmungsregeln bei der Ltd. von Beginn an entfallen, bleibt die Pflicht zur betrieblichen Mitbestimmung nach dem BetrVG jedoch aufgrund des Territorialitätsprinzips davon unberührt, so dass sich der Vorteil der Ltd. gegenüber der GmbH in diesem Punkt erst realisieren lässt, wenn das Unternehmen regelmäßig mehr als 500 Mitarbeiter (DrittelBetG) beschäftigt.

Im Bereich der Finanzverfassung sind neben den Kapitalaufbringungsvorschriften auch die Kapitalerhaltungsvorschriften zu berücksichtigen. Aufgrund der strengeren Auflösungs- und Ausschüttungsvorschriften bei der Ltd. findet eine stärkere Vermögensbindung und damit einhergehend eine Ausweitung des unternehmerischen Risikos statt. Dies lässt die Flexibilität und Vorteilhaftigkeit der Ltd. gegenüber der GmbH als fragwürdig erscheinen.

Die Nachteile der Ltd. im Bereich der Organisationsverfassung resultieren primär aus den Wissensdefiziten der deutschen *members* und *directors* bezüglich ihrer Haftung, Rechte und Pflichten nach englischem Recht. So verfügen die *members* im Vergleich zu den Gesellschaftern einer GmbH beispielsweise nur über eingeschränkte Informationsrechte und über kein Weisungsrecht gegenüber den *directors*. In diesem Zusammenhang wirkt sich für die Ltd. vor allem die in einigen Bereichen bestehende hohe Unsicherheit aufgrund rechtlicher Lücken nachteilig aus, die erst durch die zukünftige Rechtsprechung des EuGH zu schließen sein werden. Aufgrund des Umgangs mit einer fremden Rechtsordnung und den Überschneidungen beider Rechtssysteme wird ein höherer rechtlicher Beratungsaufwand notwendig. Speziell bei komplexen gesellschaftsrechtlichen Gestaltungen sowie dem Risiko einer Durchgriffshaftung ist dieser Beratungsaufwand immens und kann nur von auf internationales Gesellschafts- und Insolvenzrecht spezialisierten Beratern durchgeführt werden. Daraus resultieren zusätzlichen, langfristig nur schwer abschätzbare laufende Kosten.

In Deutschland besteht im Vergleich zu den nationalen Rechtsformen nur ein geringer Bekanntheitsgrad der Ltd. im Geschäftsverkehr, so dass damit gerechnet werden muss, dass Geschäftspartner negativ auf die Verwendung dieser Gesellschaftsform reagieren. International ist das Image der Ltd. wesentlich höher als das der GmbH, was sich jedoch nur bei einem international operierenden Unternehmen positiv auswirken wird. Der Gründer sollte deshalb bereits vor der Wahl einer bestimmten Rechtsform die Entscheidung darüber treffen, wo sein zukünftiges Aktivitätsfeld liegen wird.

Ein weiteres Risiko besteht in der Zuständigkeit englischer Gerichte und der Anwendung einer für die Gründer fremden Rechtsordnung in gesellschaftsrechtlichen Fragen zwischen der Ltd. und deren *members* bzw. der *members* untereinander.

Vielen Gründern wird erst nach Abschluss des ersten Geschäftsjahres der Umfang des Aufwands bewusst, welcher in Verbindung mit den englischen Rechnungslegungs- und Publizitätsvorschriften notwendig ist. Durch die Anwendung der Gründungstheorie ist die Ltd. verpflichtet, einen Jahresabschluss nach UK-GAAP oder IAS/IFRS zu erstellen. Die dabei zur Anwendung kommenden Bewertungs- und Bilanzierungsvorschriften weichen teilweise erheblich von denen des deutschen HGB ab, so dass die Notwendigkeit bestehen kann, eine englische Wirtschaftsprüfungsgesellschaft mit der Erstellung zu beauftragen. Darüber hinaus unterliegt die Ltd. in England aus Gründen des informationellen Gläubigerschutzes umfangreicheren Publikations- und Offenlegungsvorschriften als in Deutschland.

In nachfolgender Tabelle sind nochmals die wesentlichen Aspekte bei der Gründung einer Gesellschaft sowie deren Klassifizierung als Vor- bzw. Nachteile bezogen auf die GmbH und die Ltd. zusammengefasst.

Tabelle 1: Vergleichende Darstellung von GmbH und Ltd.

	GmbH	Ltd.
Gründung	o	o
- Voraussetzungen	-	o
- Ablauf	o	+
- Kosten	-	o
- Folgekosten	+	-
Organisationsverfassung	+	-
- Gesellschafter	+	-
- Geschäftsführer/Director	o	+
- Company secretary		-
Mitbestimmung	-	+
- unternehmerische	-	+
- betriebliche	-	-
Finanzverfassung	o	o
- Kapitalaufbringung	-	+
- Kapitalerhaltung	+	-
- Kapitalveränderung	o	o
- Finanzierung	o	-
Geschäftsverkehr	+	-
- Image	+	±
- Gerichtsstand	o	-
Beendigung	o	o
- Liquidation	-	+
- Insolvenz	o	-
Rechnungslegung	o	-
Abschlussprüfung	o	o
Publizität	+	-
Besteuerung	o	o
Mischformen	+	+

Grundsätzlich kann festgestellt werden, dass bei beiden Gesellschaftsformen in der Gesamtbetrachtung weder die Vorteile noch die Nachteile
überwiegen. Letztlich ist es deshalb unerlässlich, im jeweiligen Einzelfall einer geplanten Gründung beide Rechtsformen unter den angespro-
chenen Gesichtspunkten zu vergleichen und zu bewerten. Im Rahmen
des Abwägungsprozesses sind insbesondere die persönlichen Eigen-
schaften und Zielvorstellungen des Gründers sowie die rechtlichen
Rahmenbedingungen und das zukünftige Marktumfeld der Gesellschaft
zu berücksichtigen.

Die Gründung einer Ltd. ist nur in Ausnahmefällen anzuraten, wenn es
die finanzielle Situation des Gründers erforderlich macht oder in speziellen Fällen die unternehmerische Mitbestimmung vermieden werden
soll. Die Entscheidung sollte nicht ohne eine vorherige rechtliche Beratung unter Berücksichtigung aller individuellen Ziele und Voraussetzungen des Gründers erfolgen. Ansonsten und insbesondere wenn der
Tätigkeitsschwerpunkt der Gesellschaft im Inland liegt, ist – aufgrund
der mit der Ltd. verbundenen hohen laufenden Kosten und Unsicher-
heiten – die Gründung einer GmbH zu bevorzugen.

Im Hinblick auf den Einsatz als Komplementärin einer Kapitalgesellschaft & Co. KG stellt die Ltd. eine Alternative zur GmbH dar, da sie bei
dieser Gesellschaftsform die Frage der Kapitalaufbringung ohne den
Einsatz eigener hoher finanzieller Mittel lösen kann. Die im laufenden
Geschäftsverkehr auftretenden Schwierigkeiten der Ltd. werden hierbei
weitgehend vermieden, lediglich die laufenden Unterhaltungs- und Ver-
waltungskosten bleiben in der gleichen Höhe bestehen.

Mittelfristig sind diese Empfehlungen durch mögliche Veränderungen
der EuGH-Rechtsprechung zu überprüfen und an die sich gegebenenfalls ändernde Rechtslage anzupassen.

4.2 Die Zukunft des Gesellschaftsrechts in Deutschland

Die im Zuge der EuGH-Rechtsprechung angestrebte Gleichstellung von in- und ausländischen Rechtsformen ist vollzogen. Auch für die weitere Entwicklung ist zu erwarten, dass diese Harmonisierungsbestrebungen sich fortsetzen werden. Die GmbH wird sich dadurch in Zukunft wahrscheinlich noch stärker als bisher einem Wettbewerb der Rechtsformen stellen müssen.[409] In dem im Rahmen dieser Untersuchung analysierten konkreten Vergleich kann die Sicherung der GmbH durch eine Auseinandersetzung mit den Vor- und Nachteilen der GmbH gegenüber der Ltd. erfolgen. Gleichzeitig wird jedoch auch zu prüfen sein, welche durch den Gesetzgeber durchzuführenden Änderungen des GmbHG eine Verbesserung der Wettbewerbssituation bewirken können.[410]

In jüngster Zeit verstärken sich auch die Forderungen seitens der Wirtschaft nach der im Koalitionsvertrag des neuen Regierungsbündnisses vereinbarten Novellierung des GmbHG.[411] Diese sieht neben einer nachhaltigen Erleichterung und Beschleunigung der GmbH-Gründung eine Stärkung des Gläubigerschutzes im Insolvenzfall vor. Auch die Einführung einer sog. Gründungsgesellschaft, welche innerhalb von 3-4 Tagen mit einem Grundkapital von 5.000 € errichtet werden kann, ist Gegenstand der Überlegungen.[412]

Im Rahmen der zukünftigen Reform wird es darauf ankommen, dass dieser ein ganzheitlicher Ansatz zugrunde liegt, welcher ein ausgeglichenes Verhältnis zwischen den Gründungserleichterungen und dem Gläubigerschutz bietet. In diesem Zusammenhang wird neben der Reform des Gesellschaftsrechts auch das Insolvenzrecht zu überprüfen

---

[409] Vgl. LUKE (2005), S. 109; MERZ/GOTTSCHALK (2006), S. R002.

[410] Vgl. HAPP (2005), S. 8.

[411] Vgl. O. V. (2006a), S. 13; O. V. (2006b), S. 4.

[412] Vgl. ZÖLLNER (2006), S. 11.

sein.[413] Dies betrifft insbesondere die Aufnahme der bislang in den gesellschaftsrechtlichen Einzelgesetzen verankerten Vorschriften zum Gläubigerschutz sowie die Einführung von rechtsformunabhängigen Insolvenztatbeständen.[414]

Es wird anzustreben sein, bei zukünftigen Entscheidungen und Gesetzesänderungen die europäische Rechtslage in geeigneter Form zu berücksichtigen um sicherzustellen, dass sich die GmbH als Rechtsform im internationalen Vergleich weiterhin behaupten kann.

---

[413] Vgl. KARSTEN (2006), S. 59; VOSSIUS (2005), S. R374.

[414] Vgl. MERZ/GOTTSCHALK (2006), S. R002.

5 ANHANGSVERZEICHNIS

5.1 Anhang 1: Gründung der GmbH

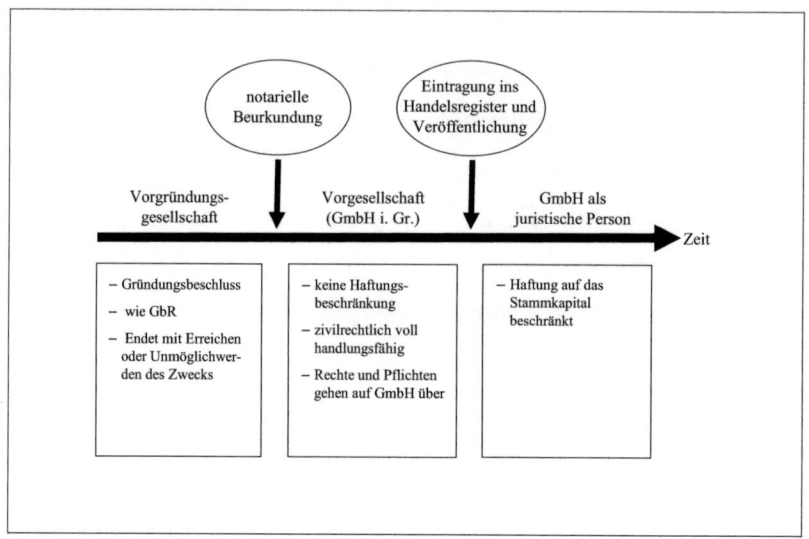

Abbildung 1: Gründungsphasen der GmbH

Quelle: eigene Darstellung.

5.2 Anhang 2: Organisationsverfassung der GmbH

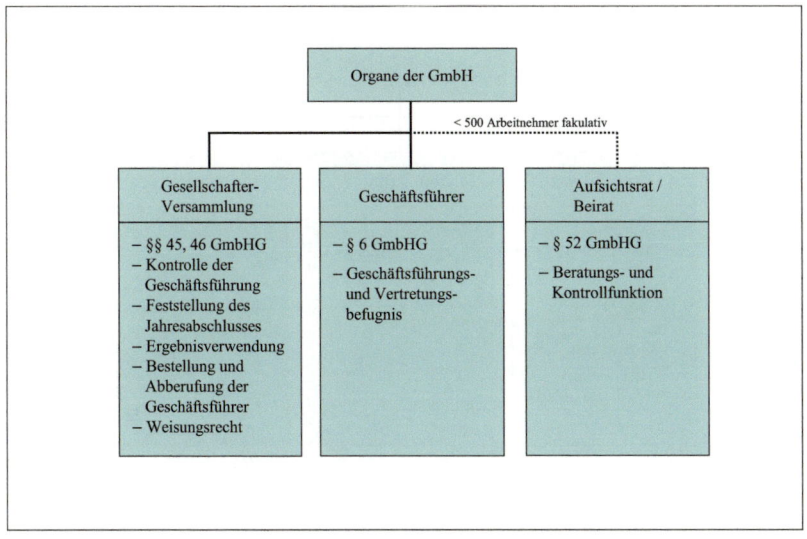

Abbildung 2: Organe der GmbH

Quelle: in Anlehnung an LÜHRSEN (2005), S. 66.

5.3 Anhang 3: Organisationsverfassung der Ltd.

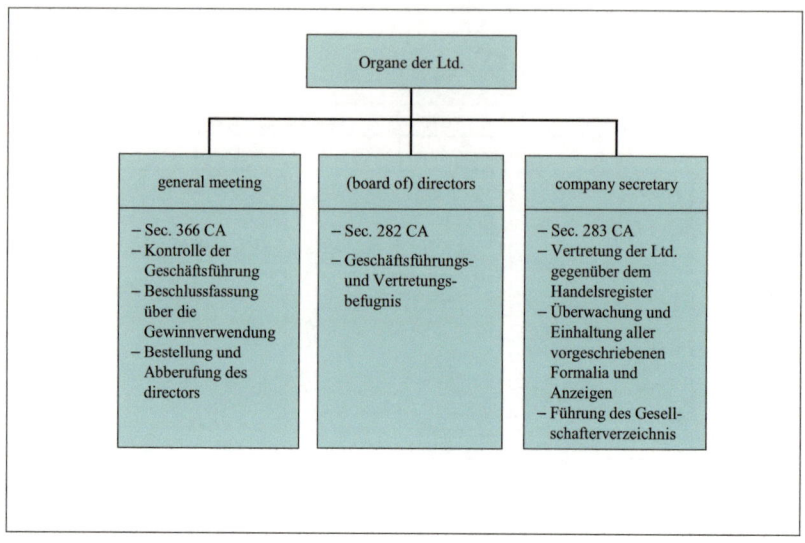

Abbildung 3: Organe der Ltd.

Quelle: in Anlehnung an LÜHRSEN (2005), S. 66.

5.4 Anhang 4: Arbeitnehmer-Mitbestimmung

Tabelle 2: Unternehmensgrößen- und Rechtsformabhängigkeit der Mitbestimmung.

Rechtsgrundlage	Arbeitnehmer	Aufsichtsrat der GmbH	Ltd.
Unternehmerische Mitbestimmung:	< 500	fakultativ, keine Mitbestimmung	
§ 1 I Nr. 3 DrittelbG	> 500	☐ Arbeitnehmer	nein
§ 1 II Montan-MitbestG (Montanindustrie)	> 1.000	½ Arbeitnehmer + 1 neutraler Mann	nein
§ 1 I MitbestG	> 2.000	½ Arbeitnehmer + doppeltes Stimmrecht des AR-Vorsitzenden	nein
Betriebliche Mitbestimmung:			
§ 1 I 1 BetrVG	> 5	Betriebsrat	ja

Quelle: in Anlehnung an MEYER-SCHARENBERG (2003), S. 40.

5.5 Anhang 5: Anwendbare Rechtsordnungen bei Insolvenz

Abbildung 4: Entscheidung über die anzuwendende Rechtsordnung bei Insolvenz.

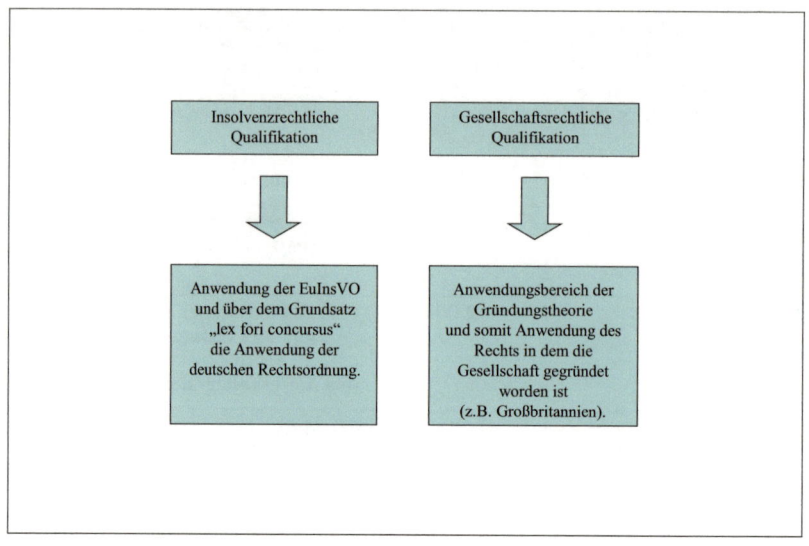

Quelle: FRÈRE/JÄGER (2005), S. 93.

5.6 Anhang 6: Kriterien für Rechnungslegung, Prüfung und Publizität

Tabelle 3: Größenkriterien von Kapitalgesellschaften.

Merkmale	GmbH (§ 267 HGB)		Ltd (Sec. 247 CA)	
	klein*	mittel*	Klein	mittel
Bilanzsumme	< 4,05 Mio. €	< 16,06 Mio. €	< 2,8 Mio. £	11,4 Mio. £
Umsatz	< 8,03 Mio. €	< 32,12 Mio. €	< 5,6 Mio. £	22, 8 Mio. £
Arbeitnehmer	< 50	< 250	< 50	< 250
Prüfungspflicht	Nein	ja	nein	ja
Offenlegungspflicht	Bilanz, Anhang	Bilanz, GuV, Anhang	Bilanz, Anhang	Bilanz, Anhang

*es dürfen mindestens 2 der 3 Merkmale nicht überschritten werden (§ 276 I HGB).

Quelle: eigene Darstellung.

5.7 Anhang 7: Memorandum of association (Table B)

A PRIVATE COMPANY LIMITED BY SHARES

MEMORANDUM OF ASSOCIATION

1. The Company's name is "XYZ Limited"

2. The Company's registered office is to be situated in England and Wales.

3. The Company's objects are:

(1) To carry on business as a general commercial company.

(2) To carry on any other business or activity which may seem to the Company capable of being carried on directly or indirectly for the benefit of the Company.

(3) To acquire by any means any real or personal property or rights whatsoever and to use, exploit and develop the same.

(4) To conduct, promote and commission research and development in connection with any activity or proposed activity of the Company, and to apply for and take out, purchase or otherwise acquire any patents, patent rights, inventions, secret processes, designs, copyrights, trade marks, service marks, commercial names and designations, know-how, formulae, licences, concessions and the like (and any interest in any of them) and any exclusive or non-exclusive or limited right to use, and any secret or other information as to, any invention or secret process of any kind; and to use, exercise, develop, and grant licences in respect of, and otherwise turn to account and deal with, the property, rights and information so acquired.

(5) To acquire by any means the whole or any part of the assets, and to undertake the whole or any part of the liabilities, of any person carrying on or proposing to carry on any business or activity which the Company is authorized to carry on or which can be carried on in connection therewith, and to acquire an interest in, amalgamate with or enter into any arrangement for sharing profits, or for co-operation, or for limiting competition, or for mutual assistance with, any such person and to give or accept, by way of consideration for any of the acts or things aforesaid or property acquired, any shares, whether fully or partly paid up, debentures, or other securities or rights that may be agreed upon.

(6) To subscribe for, underwrite, purchase or otherwise acquire, and to hold, and deal with, any shares, stocks, debentures, bonds, notes and other securities, obligations and other investments of any na-

ture whatsoever and any options or rights in respect of them; and otherwise to invest and deal with the money and assets of the Company.

(7) To lend money and give credit to any person.

(8) To borrow money, obtain credit and raise finance in any manner.

(9) To secure by mortgage, charge, lien or other form of security upon the whole or any part of the Company's property or assets (whether present or future), including its uncalled capital, the performance or discharge by the company or any other person of any obligation or liability.

(10) To provide any guarantee or indemnity in respect of the performance or discharge of any obligation or liability by, or otherwise for the benefit of, any person.

(11) To draw, make, accept, endorse, discount, negotiate, execute and issue promissory notes, bills of exchange, bills of lading, warrants, debentures and other negotiable or transferable instruments.

(12) To apply for, promote and obtain any Act of Parliament, charter, privilege, concession, licence or authorisation of any government, state, department or other authority (international, national, local, municipal or otherwise) for enabling the Company to carry any of its objects into effect or for extending any of the Company's powers or for effecting any modification of the Company's constitution, or for any other purpose which may seem expedient, and to oppose any actions, steps, proceedings or applications which may seem calculated directly or indirectly to prejudice the interests of the Company or of its members.

(13) To enter into any arrangements with any government, state, department or other authority (international, national, local, municipal or otherwise), or any other person, that may seem conducive to the Company's objects or any of them, and to obtain from any such government, state, department, authority, or person, and to carry out, exercise and exploit, any charter, contract, decree, right, privilege or concession which the Company may think desirable.

(14) To do all or any of the following, namely:

(1) to establish, provide, carry on, maintain, manage, support, purchase and contribute (in cash or in kind) to any pension, superannuation, retirement, redundancy, injury, death benefit or insurance funds, trusts, schemes, or policies for the benefit of, and to give or procure the giving of pensions, annuities, allowances, gratuities, donations, emoluments, benefits of any description (whether in kind or otherwise), incentives, bonuses, assistance (whether financial or otherwise) and accommodation in such manner and on such terms as the company thinks fit to, and to make payments for or towards the insurance of –

(a) any individuals who are or were at any time in the employment of, or directors or officers of (or held comparable or equivalent office in), or acted as consultants or advisers to or agents for –

(i) the Company or any company which is or was its parent company or is or was a subsidiary undertaking of the Company or any such parent company; or

(ii) any person to whose business the Company or any subsidiary undertaking of the Company is, in whole or in part, a successor directly or indirectly; or

(iii) any person otherwise allied to or associated with the Company;

(b) any other individuals whose service has been of benefit to the Company or who the Company considers have a moral claim on the Company; and

(c) the spouses, widows, widowers, families and dependants of any such individuals as aforesaid; and

(2) to establish, provide, carry on, maintain, manage, support and provide financial or other assistance to welfare, sports and social facilities, associations, clubs, funds and institutions which the Company considers likely to benefit or further the interests of any of the aforementioned individuals, spouses, widows, widowers, families and dependants.

(15) To establish, maintain, manage, support and contribute (in cash or in kind) to any schemes or trusts for the acquisition of shares in the Company or its parent company by or for the benefit of any individuals who are or were at any time in the employment of, or directors or officers of, the Company or any company which is or was its parent company or is or was a subsidiary undertaking of the Company or any such parent company, and to lend money to any such individuals to enable them to acquire shares in the Company or in its parent company and to establish, maintain, manage and support (financially or otherwise) any schemes for sharing profits of the Company or any other such company as aforesaid with any such individuals.

(16) To subscribe or contribute (in cash or in kind) to, and to promote or sponsor, any charitable, benevolent or useful object of a public character or any object which the Company considers may directly or indirectly further the interests of the Company, its employees or its members.

(17) To pay and discharge all or any expenses, costs and disbursements, to pay commissions and to remunerate any person for services rendered or to be rendered, in connection with the formation, promotion and flotation of the Company and the underwriting or placing or issue at any time of any securities of the Company or of any other person.

(18) To the extent permitted by law, to give any kind of financial assistance, directly or indirectly, for the acquisition of shares in the Company or any parent company of the Company or for the reduction or discharge of any liability incurred for the purpose of such an acquisition.

(19) To issue, allot and grant options over securities of the Company for cash or otherwise or in payment or part payment for any real or per-

sonal property or rights therein purchased or otherwise acquired by the Company or any services rendered to, or at the request of, or for the benefit of the Company or as security for, or indemnity for, or towards satisfaction of, any liability or obligation undertaken or agreed to be undertaken by or for the benefit of the Company, or in consideration of any obligation or liability (even if valued at less than the nominal value of such security) or for any other purpose.

(20) To procure the Company to be registered or recognized in any part of the world.

(21) To promote any other company or entity for the purpose of acquiring all or any of the property or undertaking any of the liabilities of the Company, or both, or of undertaking any business or activity which may appear likely to assist or benefit the Company, and to place or guarantee the placing of, underwrite, subscribe for, or otherwise acquire all or any part of the shares, debentures or other securities of any such company or entity as aforesaid.

(22) To dispose by any means of the whole or any part of the assets of the Company or of any interest therein.

(23) To distribute among the members of the Company in kind any assets of the Company.

(24) To do all or any of the above things in any part of the world, and either as principal, agent, trustee, contractor or otherwise, and either alone or in conjunction with others, and either by or through agents, trustees, sub-contractors or otherwise.

(25) To do all such other things as may be deemed, or as the Company considers, incidental or conducive to the attainment of the above objects or any of them.

AND IT IS HEREBY DECLARED that in this clause:

(A) unless the context otherwise requires, words in the singular include the plural and vice versa;

(B) unless the context otherwise requires, a reference to a person includes a reference to a body corporate (including, without prejudice to the generality of that term, any company which is a parent company of the Company, or is a subsidiary undertaking of the Company or any such parent company, or is associated in any way with the Company and to an unincorporated body of persons;

(C) a reference to any property, right or asset includes a reference to any interest in it, and a reference to any liability includes a reference to any loss;

(D) references to "other" and "otherwise" shall not be construed eiusdem generis where a wider construction is possible;

(E) a reference to anything which the Company thinks fit or desirable or considers or which may seem (whether to the Company or at large) expedient, conducive, calculated or capable, or to any similar expression connoting opinion or perception, includes, in relation to any power exercisable by or matter within the responsibility of the directors of the Company, a reference to any such thing which the directors so think or consider or which may so seem to the directors or which is in the opinion or perception of the directors;

(F) the expressions "subsidiary undertaking" and "parent company" have the same meaning as in section 258 of and Schedule 10A to the Companies Act 1985 or any statutory modification or re-enactment of it;

(G) nothing in any of the foregoing paragraphs of this clause is to be taken (unless otherwise expressly stated) as requiring or permitting the Company to exercise any power only for the benefit of the Company or only in furtherance of any of its objects;

(H) the objects specified in each of the foregoing paragraphs of this clause shall be separate and distinct objects of the Company and accordingly shall not be in any way limited or restricted (except so far as otherwise expressly stated in any paragraph) by reference to or inference from the terms of any other paragraph or the order in which the paragraphs occur or the name of the Company, and none of the paragraphs shall be deemed merely subsidiary or incidental to any other paragraph.

4. The liability of the members is limited.

5. The share capital of the Company is 100 £, divided into shares of 1 £ each.

WE, the subscribers to this Memorandum of Association, wish to be formed into a company pursuant to this Memorandum and we agree to take the number of shares shown opposite our respective names.

Names and Addresses	Number of shares
of Subscribers	taken by each
	Subscriber
	_____
Total shares taken	
	_____

Dated   2006

Witness to the above signatures:

5.8 Anhang 8: Articles of association (Table A)

INTERPRETATION

1. In these regulations-

– "the Act" means the Companies Act 1985 including any statutory modification or re-enactment thereof for the time being in force.

– "the articles" means the articles of the company.

– "clear days" in relation to the period of a notice means that period excluding the day when the notice is given or deemed to be given and the day for which it is given or on which it is to take effect.

– "communication" means the same as in the Electronic Communications Act 2000,
– "electronic communication" means the same as in the Electronic Communications Act 2000.

– "executed" includes any mode of execution.

– "office" means the registered office of the company.

– "the holder" in relation to shares means the member whose name is entered in the register of members as the holder of the shares.

– "the seal" means the common seal of the company.

– "secretary" means the secretary of the company or any other person appointed to perform the duties of the secretary of the company, including a joint, assistant or deputy secretary.

– "the United Kingdom" means Great Britain and Northern Ireland.

Unless the context otherwise requires, words or expressions contained in these regulations bear the same meaning as in the Act but excluding any statutory modification thereof not in force when these regulations become binding on the company.

SHARE CAPITAL

2. Subject to the provisions of the Act and without prejudice to any rights attached to any existing shares, any share may be issued with such rights or restrictions as the company may by ordinary resolution determine.

3. Subject to the provisions of the Act, shares may be issued which are to be redeemed or are to be liable to be redeemed at the option of the company or the holder on such terms and in such manner as may be provided by the articles.

4. The company may exercise the powers of paying commissions conferred by the Act. Subject to the provisions of the Act, any such commission may be satisfied by the payment of cash or by the allotment of fully or partly paid shares or partly in one way and partly in the other.

5. Except as required by law, no person shall be recognised by the company as holding any share upon any trust and (except as otherwise provided by the articles or by law) the company shall not be bound by or recognise any interest in any share except an absolute right to the entirety thereof in the holder.

SHARE CERTIFICATES

6. Every member, upon becoming the holder of any shares, shall be entitled without payment to one certificate for all the shares of each class held by him (and, upon transferring a part of his holding of shares of any class, to a certificate for the balance of such holding) or several certificates each for one or more of his shares upon payment for every certificate after the first of such reasonable sum as the directors may determine. Every certificate shall be sealed with the seal and shall specify the number, class and distinguishing numbers (if any) of the shares to which it relates and the amount or respective amounts paid up thereon. The company shall not be bound to issue more than one certificate for shares held jointly by several persons and delivery of a certificate to one joint holder shall be a sufficient delivery to all of them.

7. If a share certificate is defaced, worn-out, lost or destroyed, it may be renewed on such terms (if any) as to evidence and indemnity and payment of the expenses reasonably incurred by the company in investigating evidence as the directors may determine but otherwise free of charge, and (in the case of defacement or wearing-out) on delivery up of the old certificate.

LIEN

8. The company shall have a first and paramount lien on every share (not being a fully paid share) for all moneys (whether presently payable or not) payable at a fixed time or called in respect of that share. The directors may at any time declare any share to be wholly or in part exempt from the provisions of this regulation. The company's lien on a share shall extend to any amount payable in respect of it.

9. The company may sell in such manner as the directors determine any shares on which the company has a lien if a sum in respect of which the lien exists is presently payable and is not paid within fourteen clear days after notice has been given to the holder of the share or to the person entitled to it in consequence of the death or bankruptcy of the holder, demanding payment and stating that if the notice is not complied with the shares may be sold.

10. To give effect to a sale the directors may authorise some person to execute an instrument of transfer of the shares sold to, or in accordance with the directions of, the purchaser. The title of the transferee to the shares shall not be affected by any irregularity in or invalidity of the proceedings in reference to the sale.

11. The net proceeds of the sale, after payment of the costs, shall be applied in payment of so much of the sum for which the lien exists as is presently payable, and any residue shall (upon surrender to the company for cancellation of the certificate for the shares sold and subject to a like lien for any moneys not presently payable as existed upon the shares before the sale) be paid to the person entitled to the shares at the date of the sale.

CALLS ON SHARES AND FORFEITURE

12. Subject to the terms of allotment, the directors may make calls upon the members in respect of any moneys unpaid on their shares (whether in respect of nominal value or premium) and each member shall (subject to receiving at least fourteen clear days' notice specifying when and where payment is to be made) pay to the company as required by the notice the amount called on his shares. A call may be required to be paid by instalments. A call may, before receipt by the company of any sum due thereunder, be revoked in whole or part and payment of a call may be postponed in whole or part. A person upon whom a call is made shall remain liable for calls made upon him notwithstanding the subsequent transfer of the shares in respect whereof the call was made.

13. A call shall be deemed to have been made at the time when the resolution of the directors authorising the call was passed.

14. The joint holders of a share shall be jointly and severally liable to pay all calls in respect thereof.

15. If a call remains unpaid after it has become due and payable the person from whom it is due and payable shall pay interest on the amount unpaid from the day it became due and payable until it is paid at the rate fixed by the terms of allotment of the share or in the notice of the call or, if no rate is fixed, at the appropriate rate (as defined by the Act) but the directors may waive payment of the interest wholly or in part.

16. An amount payable in respect of a share on allotment or at any fixed date, whether in respect of nominal value or premium or as an instalment of a call, shall be deemed to be a call and if it is not paid the provisions of the articles shall apply as if that amount had become due and payable by virtue of a call.

17. Subject to the terms of allotment, the directors may make arrangements on the issue of shares for a difference between the holders in the amounts and times of payment of calls on their shares.

18. If a call remains unpaid after it has become due and payable the directors may give to the person from whom it is due not less than fourteen clear days' notice requiring payment of the amount unpaid together with any interest which may have accrued. The notice shall name the place where payment is to be made and shall state that if the notice is not complied with the shares in respect of which the call was made will be liable to be forfeited.

19. If the notice is not complied with any share in respect of which it was given may, before the payment required by the notice has been made, be forfeited by a resolution of the directors and the forfeiture shall include all dividends or other moneys payable in respect of the forfeited shares and not paid before the forfeiture.

20. Subject to the provisions of the Act, a forfeited share may be sold, reallotted or otherwise disposed of on such terms and in such manner as the directors determine either to the person who was before the forfeiture the holder or to any other person and at any time before sale, re-allotment or other disposition, the forfeiture may be cancelled on such terms as the directors think fit. Where for the purposes of its disposal a forfeited share is to be transferred to any person the directors may authorise some person to execute an instrument of transfer of the share to that person.

21. A person any of whose shares have been forfeited shall cease to be a member in respect of them and shall surrender to the company for cancellation the certificate for the shares forfeited but shall remain liable to the company for all moneys which at the date of forfeiture were presently payable by him to the company in respect of those shares with interest at the rate at which interest was payable on those moneys before the forfeiture or, if no interest was so payable, at the appropriate rate (as defined in the Act) from the date of forfeiture until payment but the directors may waive payment wholly or in part or enforce payment without any allowance for the value of the shares at the time of forfeiture or for any consideration received on their disposal.

22. A statutory declaration by a director or the secretary that a share has been forfeited on a specified date shall be conclusive evidence of the facts stated in it as against all persons claiming to be entitled to the share and the declaration shall (subject to the execution of an instrument of transfer if necessary) constitute a good title to the share and the person to whom the share is disposed of shall not be bound to see to the application of the consideration, if any, nor shall his title to the share be affected by any irregularity in or invalidity of the proceedings in reference to the forfeiture or disposal of the share.

TRANSFER OF SHARES

23. The instrument of transfer of a share may be in any usual form or in any other form which the directors may approve and shall be executed by or on behalf of the transferor and, unless the share is fully paid, by or on behalf of the transferee.

24. The directors may refuse to register the transfer of a share which is not fully paid to a person of whom they do not approve and they may refuse to register the transfer of a share on which the company has a lien. They may also refuse to register a transfer unless-

(a) it is lodged at the office or at such other place as the directors may appoint and is accompanied by the certificate for the shares to which it relates and such other evidence as the directors may reasonably require to show the right of the transferor to make the transfer;

(b) it is in respect of only one class of shares; and

(c) it is in favour of not more than four transferees.

25. If the directors refuse to register a transfer of a share, they shall within two months after the date on which the transfer was lodged with the company send to the transferee notice of the refusal.

26. The registration of transfers of shares or of transfers of any class of shares may be suspended at such times and for such periods (not exceeding thirty days in any year) as the directors may determine).

27. No fee shall be charged for the registration of any instrument of transfer or other document relating to or affecting the title to any share.

28. The company shall be entitled to retain any instrument of transfer which is registered, but any instrument of transfer which the directors refuse to register shall be returned to the person lodging it when notice of the refusal is given.

29. If a member dies the survivor or survivors where he was a joint holder, and his personal representatives where he was a sole holder or the only survivor of joint holders, shall be the only persons recognised by the company as having any title to his interest; but nothing herein contained shall release the estate of a deceased member from any liability in respect of any share which had been jointly held by him.

30. A person becoming entitled to a share in consequence of the death or bankruptcy of a member may, upon such evidence being produced as the directors may properly require, elect either to become the holder of the share or to have some person nominated by him registered as the transferee. If he elects to become the holder he shall give notice to the company to that effect. If he elects to have another person registered he shall execute an instrument of transfer of the share to that person. All the articles relating to the transfer of shares shall apply to the notice or instrument of transfer as if it were an instrument of transfer executed by the member and the death or bankruptcy of the member had not occurred.

31. A person becoming entitled to a share in consequence of the death or bankruptcy of a member shall have the rights to which he would be entitled if he were the holder of the share, except that he shall not, before being registered as the holder of the share, be entitled in respect of it to attend or vote at any meeting of the company or at any separate meeting of the holders of any class of shares in the company.

ALTERATION OF SHARE CAPITAL

32. The company may by ordinary resolution-

(a) increase its share capital by new shares of such amount as the resolution prescribes;

(b) consolidate and divide all or any of its share capital into shares of larger amount than its existing shares;

(c) subject to the provisions of the Act, sub-divide its shares, or any of them, into shares of smaller amount and the resolution may determine that, as between the shares resulting from the sub-division, any of them may have any preference or advantage as compared with the others; and

(d) cancel shares which, at the date of the passing of the resolution, have not been taken or agreed to be taken by any person and diminish the amount of its share capital by the amount of the shares so cancelled.

33. Whenever as a result of a consolidation of shares any members would become entitled to fractions of a share, the directors may, on behalf of those members, sell the shares representing the fractions for the best price reasonably obtainable to any person (including, subject to the provisions of the Act, the company) and distribute the net proceeds of sale in due proportion among those members, and the directors may authorise some person to execute an instrument of transfer of the shares to, or in accordance with the directions of, the purchaser. The transferee shall not be bound to see to the application of the purchase money nor shall his title to the shares be affected by any irregularity in or invalidity of the proceedings in reference to the sale.

34. Subject to the provisions of the Act, the company may by special resolution reduce its share capital, any capital redemption reserve and any share premium account in any way.

PURCHASE OF OWN SHARES

35. Subject to the provisions of the Act, the company may purchase its own shares (including any redeemable shares) and, if it is a private company, make a payment in respect of the redemption or purchase of its own shares otherwise than out of distributable profits of the company or the proceeds of a fresh issue of shares.

GENERAL MEETINGS

36. All general meetings other than annual general meetings shall be called extraordinary general meetings.

37. The directors may call general meetings and, on the requisition of members pursuant to the provisions of the Act, shall forthwith proceed to convene an extraordinary general meeting for a date not later than eight weeks after receipt of the requisition. If there are not within the United Kingdom sufficient directors to call a general meeting, any director or any member of the company may call a general meeting.

NOTICE OF GENERAL MEETINGS

38. An annual general meeting and an extraordinary general meeting called for the passing of a special resolution or a resolution appointing a person as a director shall be called by at least twenty-one clear days' notice. All other extraordinary general meetings shall be called by at least fourteen clear days' notice but a general meeting may be called by shorter notice if it is so agreed-

(a) in the case of an annual general meeting, by all the members entitled to attend and vote thereat; and

(b) in the case of any other meeting by a majority in number of the members having a right to attend and vote being a majority together holding not less than ninety-five per cent. in nominal value of the shares giving that right.

The notice shall specify the time and place of the meeting and the general nature of the business to be transacted and, in the case of an annual general meeting, shall specify the meeting as such.

Subject to the provisions of the articles and to any restrictions imposed on any shares, the notice shall be given to all the members, to all persons entitled to a share in consequence of the death or bankruptcy of a member and to the directors and auditors.

39. The accidental omission to give notice of a meeting to, or the non-receipt of notice of a meeting by, any person entitled to receive notice shall not invalidate the proceedings at that meeting.

PROCEEDINGS AT GENERAL MEETINGS

40. No business shall be transacted at any meeting unless a quorum is present. Two persons entitled to vote upon the business to be transacted, each being a member or a proxy for a member or a duly authorised representative of a corporation, shall be a quorum.

41. If such a quorum is not present within half an hour from the time appointed for the meeting, or if during a meeting such a quorum ceases to be present, the meeting shall stand adjourned to the same day in the next week at the same time and place or to such time and place as the directors may determine.

42. The chairman, if any, of the board of directors or in his absence some other director nominated by the directors shall preside as chairman of the meeting, but if neither the chairman nor such other director (if any) be present within fifteen minutes after the time appointed for holding the meeting and willing to act, the directors present shall elect one of their number to be chairman and, if there is only one director present and willing to act, he shall be chairman.

43. If no director is willing to act as chairman, or if no director is present within fifteen minutes after the time appointed for holding the meeting, the member present and entitled to vote shall choose one of their number to be chairman.

44. A director shall, notwithstanding that he is not a member, be entitled to attend and speak at any general meeting and at any separate meeting of the holders of any class of shares in the company.

45. The chairman may, with the consent of a meeting at which a quorum is present (and shall if so directed by the meeting), adjourn the meeting from time to time and from place to place, but no business shall be transacted at an adjourned meeting other than business which might properly have been transacted at the meeting had the adjournment not taken place. When a meeting is adjourned for fourteen days or more, at least seven clear days' notice shall be given specifying the time and place of the adjourned meeting and the general nature of the business to be transacted. Otherwise, it shall not be necessary to give any such notice.

46. A resolution put to the vote of a meeting shall be decided on a show of hands unless before, or on the declaration of the result of, the show of hands a poll is duly demanded. Subject to the provisions of the Act, a poll may be demanded-

(a) by the chairman; or

(b) by at least two members having the right to vote at the meeting; or

(c) by a member or members representing not less than one-tenth of the total voting rights of all the members having the right to vote at the meeting; or

(d) by a member or members holding shares conferring a right to vote at the meeting being shares on which an aggregate sum has been paid up equal to not less than one-tenth of the total sum paid up on all the shares conferring that right;

and a demand by a person as proxy for a member shall be the same as a demand by the member.

47. Unless a poll is duly demanded a declaration by the chairman that a resolution has been carried or carried unanimously, or by a particular majority, or lost, or not carried by a particular majority and an entry to that effect in the minutes of the meeting shall be conclusive evidence of the fact without proof of the number or proportion of the votes recorded in favour of or against the resolution.

48. The demand for a poll may, before the poll is taken, be withdrawn but only with the consent of the chairman and a demand so withdrawn shall not be taken to have invalidated the result of a show of hands declared before the demand was made.

49. A poll shall be taken as the chairman directs and he may appoint scrutineers (who need not be members) and fix a time and place for declaring the result of the poll. The result of the poll shall be deemed to be the resolution of the meeting at which the poll was demanded.

50. In the case of an equality of votes, whether on a show of hands or on a poll, the chairman shall be entitled to a casting vote in addition to any other vote he may have.

51. A poll demanded on the election of a chairman or on a question of adjournment shall be taken forthwith. A poll demanded on any other question shall be taken either forthwith or at such time and place as the chairman directs not being more than thirty days after the poll is demanded. The demand for a poll shall not prevent the continuance of a meeting for the transaction of any business other than the question on which the poll was demanded. If a poll is demanded before the declaration of the result of a show of hands and the demand is duly withdrawn, the meeting shall continue as if the demand had not been made.

52. No notice need be given of a poll not taken forthwith if the time and place at which it is to be taken are announced at the meeting at which it is demanded. In any other case at least seven clear days' notice shall be given specifying the time and place at which the poll is to be taken.

53. A resolution in writing executed by or on behalf of each member who would have been entitled to vote upon it if it had been proposed at a general meeting at which he was present shall be as effectual as if it had been passed at a general meeting duly convened and held and may consist of several instruments in the like form each executed by or on behalf of one or more members.

VOTES OF MEMBERS

54. Subject to any rights or restrictions attached to any shares, on a show of hands every member who (being an individual) is present in person or (being a corporation) is present by a duly authorised representative, not being himself a member entitled to vote, shall have one vote and on a poll every member shall have one vote for every share of which he is the holder.

55. In the case of joint holders the vote of the senior who tenders a vote, whether in person or by proxy, shall be accepted to the exclusion of the votes of the other joint holders; and seniority shall be determined by the order in which the names of the holders stand in the register of members.

56. A member in respect of whom an order has been made by any court having jurisdiction (whether in the United Kingdom or elsewhere) in matters concerning mental disorder may vote, whether on a show of hands or on a poll, by his receiver, curator bonis or other person authorised in that behalf appointed by that court, and any such receiver, curator bonis or other person may, on a poll, vote by proxy. Evidence to the satisfaction of the directors of the authority of the person claiming to exercise the right to vote shall be deposited at the office, or at such other place as is specified in accordance with the articles for the deposit of instruments of proxy, not less than 48 hours before the time appointed for holding the meeting or adjourned meeting at which the right to vote is to be exercised and in default the right to vote shall not be exercisable.

57. No member shall vote at any general meeting or at any separate meeting of the holders of any class of shares in the company, either in person or by proxy, in respect of any share held by him unless all moneys presently payable by him in respect of that share have been paid.

58. No objection shall be raised to the qualification of any voter except at the meeting or adjourned meeting at which the vote objected to is tendered, and every vote not disallowed at the meeting shall be valid. Any objection made in due time shall be referred to the chairman whose decision shall be final and conclusive.

59. On a poll votes may be given either personally or by proxy. A member may appoint more than one proxy to attend on the same occasion.

60. The appointment of a proxy shall be executed by or on behalf of the appointor and shall be in the following form (or in a form as near thereto as circumstances allow or in any other form which is usual or which the directors may approve)-

"_____ PLC/Limited

I/We,_____, of _____, being a member/members of the above-named company, hereby appoint _____ of _____, or failing him, _____ of _____, as my/our proxy to vote in my/our name[s] and on my/our behalf at the annual/extraordinary general meeting of the company to be held on _____20__, and at any adjournment thereof.

Signed on _____ 20__ "

61. Where it is desired to afford members an opportunity of instructing the proxy how he shall act the appointment of a proxy shall be in the following form (or in a form as near thereto as circumstances allow or in any other form which is usual or which the directors may approve)-

" _____ PLC/Limited

I/We, _____, of _____, being a member/members of the above-named company, hereby appoint _____ of _____, or failing him, _____ of _____, as my/our proxy to vote in my/our name[s] and on my/our behalf at the annual/extraordinary general meeting of the company, to be held on _____20__, and at any adjournment thereof.

This form is to be used in respect of the resolutions mentioned below as follows:

Resolution No. 1 *for *against

Resolution No. 2 *for *against.

* Strike out whichever is not desired.

Unless otherwise instructed, the proxy may vote as he thinks fit or abstain from voting.

Signed this _____ day of _____ 20__ "

62. The appointment of a proxy and any authority under which it is executed or a copy of such authority certified notarially or in some other way approved by the directors may -

(a) in the case of an instrument in writing be deposited at the office or at such other place within the United Kingdom as is specified in the notice convening the meeting or in any instrument of proxy sent out by the company in relation to the meeting not less than 48 hours before the time for holding the meeting or adjourned meeting at which the person named in the instrument proposes to vote; or

(aa) in the case of an appointment contained in an electronic communication, where an address has been specified for the purpose of receiving electronic communications-

(i) in the notice convening the meeting, or

(ii) in any instrument of proxy sent out by the company in relation to the meeting, or

(iii) in any invitation contained in an electronic communication to appoint a proxy issued by the company in relation to the meeting,

be received at such address not less than 48 hours before the time for holding the meeting or adjourned meeting at which the person named in the appointment proposes to vote;

(b) in the case of a poll taken more than 48 hours after it is demanded, be deposited or received as aforesaid after the poll has been demanded and not less than 24 hours before the time appointed for the taking of the poll; or

(c) where the poll is not taken forthwith but is taken not more than 48 hours after it was demanded, be delivered at the meeting at which the poll was demanded to the chairman or to the secretary or to any director;

and an appointment of proxy which is not deposited, delivered or received in a manner so permitted shall be invalid. In this regulation and the next, "address", in relation to electronic communications, includes any number or address used for the purposes of such communications.

63. A vote given or poll demanded by proxy or by the duly authorised representative of a corporation shall be valid notwithstanding the previous determination of the authority of the person voting or demanding a poll unless notice of the determination was received by the company at the office or at such other place at which the instrument of proxy was duly deposited or, where the appointment of the proxy was contained in an electronic communication, at the address at which such appointment was duly received before the commencement of the meeting or adjourned meeting at which the vote is given or the poll demanded or (in the case of a poll taken otherwise than on the same day as the meeting or adjourned meeting) the time appointed for taking the poll.

NUMBER OF DIRECTORS

64. Unless otherwise determined by ordinary resolution, the number of directors (other than alternate directors) shall not be subject to any maximum but shall be not less than two.

ALTERNATE DIRECTORS

65. Any director (other than an alternate director) may appoint any other director, or any other person approved by resolution of the directors and willing to act, to be an alternate director and may remove from office an alternate director so appointed by him.

66. An alternate director shall be entitled to receive notice of all meetings of directors and of all meetings of committees of directors of which his appointor is a member, to attend and vote at any such meeting at which the director appointing him is not personally present, and generally to perform all the functions of his appointor as a director in his absence but shall not be entitled to receive any remuneration from the company for his services as an alternate director. But it shall not be necessary to give notice of such a meeting to an alternate director who is absent from the United Kingdom.

67. An alternate director shall cease to be an alternate director if his appointor ceases to be a director; but, if a director retires by rotation or otherwise but is reappointed or deemed to have been reappointed at the meeting at which he retires, any appointment of an alternate director made by him which was in force immediately prior to his retirement shall continue after his reappointment.

68. Any appointment or removal of an alternate director shall be by notice to the company signed by the director making or revoking the appointment or in any other manner approved by the directors.

69. Save as otherwise provided in the articles, an alternate director shall be deemed for all purposes to be a director and shall alone be responsible for his own acts and defaults and he shall not be deemed to be the agent of the director appointing him.

POWER OF DIRECTORS

70. Subject to the provisions of the Act, the memorandum and the articles and to any directions given by special resolution, the business of the company shall be managed by the directors who may exercise all the powers of the company. No alteration of the memorandum or articles and no such direction shall invalidate any prior act of the directors which would have been valid if that alteration had not been made or that direction had not been given. The powers given by this regulation shall not be limited by any special power given to the directors by the articles and a meeting of directors at which a quorum is present may exercise all powers exercisable by the directors.

71. The directors may, by power of attorney or otherwise, appoint any person to be the agent of the company for such purposes and on such conditions as they determine, including authority for the agent to delegate all or any of his powers.

DELEGATION OF DIRECTORS' POWER

72. The directors may delegate any of their powers to any committee consisting of one or more directors. They may also delegate to any managing director or any director holding any other executive office such of their powers as they consider desirable to be exercised by him. Any such delegation may be made subject to any conditions the directors may impose, and either collaterally with or to the exclusion of their own powers and may be revoked or altered. Subject to any such conditions, the proceedings of a committee with two or more members shall be governed by the articles regulating the proceedings of directors so far as they are capable of applying.

APPOINTMENT AND RETIREMENT OF DIRECTORS

73. At the first annual general meeting all the directors shall retire from office, and at every subsequent annual general meeting one-third of the directors who are subject to retirement by rotation or, if their number is not three or a multiple of three, the number nearest to one-third shall retire from office; but, if there is only one director who is subject to retirement by rotation, he shall retire.

74. Subject to the provisions of the Act, the directors to retire by rotation shall be those who have been longest in office since their last appointment or reappointment, but as between persons who became or were last reappointed directors on the same day those to retire shall (unless they otherwise agree among themselves) be determined by lot.

75. If the company, at the meeting at which a director retires by rotation, does not fill the vacancy the retiring director shall, if willing to act, be deemed to have been reappointed unless at the meeting it is resolved not to fill the vacancy or unless a resolution for the reappointment of the director is put to the meeting and lost.

76. No person other than a director retiring by rotation shall be appointed or reappointed a director at any general meeting unless–

    (a) he is recommended by the directors; or

    (b) not less than fourteen nor more than thirty-five clear days before the date appointed for the meeting, notice executed by a member qualified to vote at the meeting has been given to the company of the intention to propose that person for appointment or reappointment stating the particulars which would, if he were so appointed or reappointed, be required to be included in the company's register of directors together with notice executed by that person of his willingness to be appointed or reappointed.

77. Not less than seven nor more than twenty-eight clear days before the date appointed for holding a general meeting notice shall be given to all who are entitled to receive notice of the meting of any person (other than a director retiring by rotation at the meeting) who is recommended by the directors for appointment or reappointment as a director at the meeting or in respect of whom notice has been duly given to the company of the intention to propose him at the meeting for appointment or reappointment as a director. The notice shall give the particulars of that person which would, if he were so appointed or reappointed, be required to be included in the company's register of directors.

78. Subject as aforesaid, the company may by ordinary resolution appoint a person who is willing to act to be a director either to fill a vacancy or as an additional director and may also determine the rotation in which any additional directors are to retire.

79. The directors may appoint a person who is willing to act to be a director, either to fill a vacancy or as an additional director, provided that the appointment does not cause the number of directors to exceed any number fixed by or in accordance with the articles as the maximum number of directors. A director so appointed shall hold office only until the next following annual general meeting and shall not be taken into account in determining the directors who are to retire by rotation at the meeting. If not reappointed at such annual general meeting, he shall vacate office at the conclusion thereof.

80. Subject as aforesaid, a director who retires at an annual general meeting may, if willing to act, be reappointed. If he is not reappointed, he shall retain office until the meeting appoints someone in his place, or if it does not do so, until the end of the meeting.

DISQUALIFICATION AND REMOVAL OF DIRECTORS

81. The office of a director shall be vacated if–

(a) he ceases to be a director by virtue of any provision of the Act or he becomes prohibited by law from being a director; or

(b) he becomes bankrupt or makes any arrangement or composition with his creditors generally; or

(c) he is, or may be, suffering from mental disorder and either–

(i) he is admitted to hospital in pursuance of an application for admission for treatment under the Mental Health Act 1983 or, in Scotland, an application for admission under the Mental Health (Scotland) Act 1960, or

(ii) an order is made by a court having jurisdiction (whether in the United Kingdom or elsewhere) in matters concerning mental disorder for his detention or for the appointment of a receiver, curator bonis or other person to exercise powers with respect to his property or affairs; or

(d) he resigns his office by notice to the company; or

(e) he shall for more than six consecutive months have been absent without permission of the directors from meetings of directors held during that period and the directors resolve that his office be vacated.

150

REMUNERATION OF DIRECTORS

82. The directors shall be entitled to such remuneration as the company may by ordinary resolution determine and, unless the resolution provides otherwise, the remuneration shall be deemed to accrue from day to day.

DIRECTORS' EXPENSES

83. The directors may be paid all travelling, hotel, and other expenses properly incurred by them in connection with their attendance at meetings of directors or committees of directors or general meetings or separate meetings of the holders of any class of shares or of debentures of the company or otherwise in connection with the discharge of their duties.

DIRECTORS' APPOINTMENT AND INTERESTS

84. Subject to the provisions of the Act, the directors may appoint one or more of their number to the office of managing director or to any other executive office under the company and may enter into an agreement or arrangement with any director for his employment by the company or for the provision by him of any services outside the scope of the ordinary duties of a director. Any such appointment, agreement or arrangement may be made upon such terms as the directors determine and they may remunerate any such director for his services as they think fit. Any appointment of a director to an executive office shall terminate if he ceases to be a director but without prejudice to any claim to damages for breach of the contract of service between the director and the company. A managing director and a director holding any other executive office shall not be subject to retirement by rotation.

85. Subject to the provisions of the Act, and provided that he has disclosed to the directors the nature and extent of any material interest of his, a director notwithstanding his office–

(a) may be a party to, or otherwise interested in, any transaction or arrangement with the company or in which the company is otherwise interested;

(b) may be a director or other officer of, or employed by, or a party to any transaction or arrangement with, or otherwise interested in, any body corporate promoted by the company or in which the company is otherwise interested; and

(c) shall not, by reason of his office, be accountable to the company for any benefit which he derives from any such office or employment or from any such transaction or arrangement or from any interest in any such body corporate and no such transaction or arrangement shall be liable to be avoided on the ground of any such interest or benefit.

86. For the purposes of regulation 85–

(a) a general notice given to the directors that a director is to be regarded as having an interest of the nature and extent specified in the notice in any transaction or arrangement in which a specified person or class of persons is interested shall be deemed to be a disclosure that the director has an interest in any such transaction of the nature and extent so specified; and

151

(b) an interest of which a director has no knowledge and of which it is unreasonable to expect him to have knowledge shall not be treated as an interest of his.

DIRECTORS' GRATUITIES AND PENSIONS

87. The directors may provide benefits, whether by the payment of gratuities or pensions or by insurance or otherwise, for any director who has held but no longer holds any executive office or employment with the company or with any body corporate which is or has been a subsidiary of the company or a predecessor in business of the company or of any subsidiary, and for any member of his family (including a spouse and a former spouse) or any person who is or was dependent on him, and may (as well before as after he ceases to hold such office or employment) contribute to any fund and pay premiums for the purchase or provision of any such benefit.

PROCEEDINGS OF DIRECTORS

88. Subject to the provisions of the articles, the directors may regulate their proceedings as they think fit. A director may, and the secretary at the request of a director shall, call a meeting of the directors. It shall not be necessary to give notice of a meeting to a director who is absent from the United Kingdom. Questions arising at a meeting shall be decided by a majority of votes. In the case of an equality of votes, the chairman shall have a second or casting vote. A director who is also an alternate director shall be entitled in the absence of his appointor to a separate vote on behalf of his appointor in addition to his own vote.

89. The quorum for the transaction of the business of the directors may be fixed by the directors and unless so fixed at any other number shall be two. A person who holds office only as an alternate director shall, if his appointor is not present, be counted in the quorum.

90. The continuing directors or a sole continuing director may act notwithstanding any vacancies in their number, but, if the number of directors is less than the number fixed as the quorum, the continuing directors or director may act only for the purpose of filling vacancies or of calling a general meeting.

91. The directors may appoint one of their number to be the chairman of the board of directors and may at any time remove him from that office. Unless he is unwilling to do so, the director so appointed shall preside at every meeting of the directors at which he is present. But if there is no director holding that office, or if the director holding it is unwilling to preside or is not present within five minutes after the time appointed for the meeting, the directors present may appoint one of their number to be chairman of the meeting.

92. All acts done by a meeting of directors, or a committee of directors, or by a person acting as a director shall, notwithstanding that it be afterwards discovered that there was a defect in the appointment of any director or that any of them were disqualified from holding office, or had vacated office, or were not entitled to vote, be as valid as if every such person had been duly appointed and was qualified and had continued to be a director and had been entitled to vote.

93. A resolution in writing signed by all the directors entitled to receive notice of a meeting of directors or of a committee of directors shall be as valid and effectual as if it had been passed at a meeting of directors or (as the case may be) a committee of directors duly convened and held and may consist of several documents in the like form each signed by one or more directors; but a resolution signed by an alternate director need not also be signed by his appointor and, if it is signed by a director who has appointed an alternate director, it need not be signed by the alternate director in that capacity.

94. Save as otherwise provided by the articles, a director shall not vote at a meeting of directors or of a committee of directors on any resolution concerning a matter in which he has, directly or indirectly, an interest or duty which is material and which conflicts or may conflict with the interests of the company unless his interest or duty arises only because the case falls within one or more of the following paragraphs–

(a) the resolution relates to the giving to him of a guarantee, security, or indemnity in respect of money lent to, or an obligation incurred by him for the benefit of, the company or any of its subsidiaries;

(b) the resolution relates to the giving to a third party of a guarantee, security, or indemnity in respect of an obligation of the company or any of its subsidiaries for which the director has assumed responsibility in whole or in part and whether alone or jointly with others under a guarantee or indemnity or by the giving of security;

(c) his interest arises by virtue of his subscribing or agreeing to subscribe for any shares, debentures or other securities of the company or any of its subsidiaries, or by virtue of his being, or intending to become, a participant in the underwriting or sub-underwriting of an offer of any such shares, debentures, or other securities by the company or any of its subsidiaries for subscription, purchase or exchange;

(d) the resolution relates in any way to a retirement benefits scheme which has been approved, or is conditional upon approval, by the Board of Inland Revenue for taxation purposes.

For the purposes of this regulation, an interest of a person who is, for any purpose of the Act (excluding any statutory modification thereof not in force when this regulation becomes binding on the company), connected with a director shall be treated as an interest of the director and, in relation to an alternate director, an interest of his appointor shall be treated as an interest of the alternate director without prejudice to any interest which the alternate director has otherwise.

95. A director shall not be counted in the quorum present at a meeting in relation to a resolution on which he is not entitled to vote.

96. The company may by ordinary resolution suspend or relax to any extend, either generally or in respect of any particular matter, any provision of the articles prohibiting a director from voting at a meeting of directors or of a committee of directors.

97. Where proposals are under consideration concerning the appointment of two or more directors to offices or employments with the company or any body corporate in which the company is interested the proposals may be divided and considered in relation to each director separately and (provided he is not for another reason precluded from voting) each of the directors concerned shall be entitled to vote and be counted in the quorum in respect of each resolution except that concerning his own appointment.

98. If a question arises at a meeting of directors or of a committee of directors as to the right of a director to vote, the question may, before the conclusion of the meeting, be referred to the chairman of the meeting and his ruling in relation to any director other than himself shall be final and conclusive.

SECRETARY

99. Subject to the provisions of the Act, the secretary shall be appointed by the directors for such term, at such remuneration and upon such conditions as they may think fit; and any secretary so appointed may be removed by them.

MINUTES

100. The directors shall cause minutes to be made in books kept for the purpose–

(d) of all appointments of officers made by the directors; and

(e) of all proceedings at meetings of the company, of the holders of any class of shares in the company, and of the directors, and of committees of directors, including the names of the directors present at each such meeting.

THE SEAL

101. The seal shall only be used by the authority of the directors or of a committee of directors authorised by the directors. The directors may determine who shall sign any instrument to which the seal is affixed and unless otherwise so determined it shall be signed by a director and by the secretary or by a second director.

DIVIDENDS

102. Subject to the provisions of the Act, the company may by ordinary resolution declare dividends in accordance with the respective rights of the members, but no dividend shall exceed the amount recommended by the directors.

103. Subject to the provisions of the Act, the directors may pay interim dividends if it appears to them that they are justified by the profits of the company available for distribution. If the share capital is divided into different classes, the directors may pay interim dividends on shares which confer deferred or non-preferred rights with regard to dividend as well as on shares which confer preferential rights with regard to dividend, but no interim dividend shall be paid on shares carrying deferred or non-preferred rights if, at the time of payment, any preferential dividend is in arrear. The directors may also pay at intervals settled by them any dividend payable at a fixed rate if it appears to them that the profits available for distribution justify the payment. Provided the directors act in good faith they shall not incur any liability to the holders of shares conferring preferred rights for any loss they may suffer by the lawful payment of an interim dividend on any shares having deferred or non-preferred rights.

104. Except as otherwise provided by the rights attached to shares, all dividends shall be declared and paid according to the amounts paid up on the shares on which the dividend is paid. All dividends shall be apportioned and paid proportionately to the amounts paid up on the shares during any portion or portions of the period in respect of which the dividend is paid; but, if any share is issued on terms providing that it shall rank for dividend as from a particular date, that share shall rank for dividend accordingly.

105. A general meeting declaring a dividend may, upon the recommendation of the directors, direct that it shall be satisfied wholly or partly by the distribution of assets and, where any difficulty arises in regard to the distribution, the directors may settle the same and in particular may issue fractional certificates and fix the value for distribution of any assets and may determine that cash shall be paid to any member upon the footing of the value so fixed in order to adjust the rights of members and may vest any assets in trustees.

106. Any dividend or other moneys payable in respect of a share may be paid by cheque sent by post to the registered address of the person entitled or, if two or more persons are the holders of the share or are jointly entitled to it by reason of the death or bankruptcy of the holder, to the registered address of that one of those persons who is first named in the register of members or to such person and to such address as the person or persons entitled may in writing direct. Every cheque shall be made payable to the order of the person or persons entitled or to such other person as the person or persons entitled may in writing direct and payment of the cheque shall be a good discharge to the company. Any joint holder or other person jointly entitled to a share as aforesaid may give receipts for any dividend or other moneys payable in respect of the share.

107. No dividend or other moneys payable in respect of a share shall bear interest against the company unless otherwise provided by the rights attached to the share.

108. Any dividend which has remained unclaimed for twelve years from the date when it became due for payment shall, if the directors so resolve, be forfeited and cease to remain owing by the company.

ACCOUNTS

109. No member shall (as such) have any right of inspecting any accounting records or other book or document of the company except as conferred by statute or authorised by the directors or by ordinary resolution of the company.

CAPITALISATION OF PROFITS

110. The directors may with the authority of an ordinary resolution of the company–

(a) subject as hereinafter provided, resolve to capitalise any undivided profits of the company not required for paying any preferential dividend (whether or not they are available for distribution) or any sum standing to the credit of the company's share premium account or capital redemption reserve;

(b) appropriate the sum resolve to be capitalised to the members who would have been entitled to it if it were distributed by way of dividend and in the same proportions and apply such sum on their behalf either in or towards paying up the amounts, if any, for the time being unpaid on any shares held by them respectively, or in paying up in full unissued shares or debentures of the company of a nominal amount equal to that sum, and allot the shares or debentures credited as fully paid to those members, or as they may direct, in those proportions, or partly in one way and partly in the other: but the share premium account, the capital redemption reserve, and any profits which are not available for distribution may, for the purposes of this regulation, only be applied in paying up unissued shares to be allotted to members credited as fully paid;

(c) make such provision by the issue of fractional certificates or by payment in cash or otherwise as they determine in the case of shares or debentures becoming distributable under this regulation in fractions; and

(d) authorise any person to enter on behalf of all the members concerned into an agreement with the company providing for the allotment to them respectively, credited as fully paid, of any shares or debentures to which they are entitled upon such capitalisation, any agreement made under such authority being binding on all such members.

NOTICES

111. Any notice to be given to or by any person pursuant to the articles (other than a notice calling a meeting of the directors) shall be in writing or shall be given using electronic communications to an address for the time being notified for that purpose to the person giving the notice.

In this regulation, "address", in relation to electronic communications, includes any number or address used for the purposes of such communications.

112. The company may give any notice to a member either personally or by sending it by post in a prepaid envelope addressed to the member at his registered address or by leaving it at that address or by giving it using electronic communications to an address for the time being notified to the company by the member. In the case of joint holders of a share, all notices shall be given to the joint holder whose name stands first in the register of members in respect of the joint holding and notice so given shall be sufficient notice to all joint holders. A member whose registered address is not within the Untied Kingdom and who gives to the company an address within the United kingdom at which notices may be given to him, or an address to which notices may be sent using electronic communications, shall be entitled to have notice given to him at that address, but otherwise no such member shall be entitled to receive any notice from the company. In this regulation and the next, "address", in relation to electronic communications, includes any number or address used for the purposes of such communications.

113. A member present, either in person or by proxy, at any meeting of the company or of the holders of any class of shares in the company shall be deemed to have received notice of the meeting and, where requisite, of the purposes for which it was called.

114. Every person who becomes entitled to a share shall be bound by any notice in respect of that share which, before his name is entered in the register of members, has been duly given to a person from whom he derives his title.

115. Proof that an envelope containing a notice was properly addressed, prepaid and posted shall be conclusive evidence that the notice was given. Proof that a notice contained in an electronic communication was sent in accordance with guidance issued by the Institute of Chartered Secretaries and Administrators shall be conclusive evidence that the notice was given. A notice shall be deemed to be given at the expiration of 48 hours after the envelope containing it was posted or, in the case of a notice contained in an electronic communication, at the expiration of 48 hours after the time it was sent.

116. A notice may be given by the company to the persons entitled to a share in consequence of the death or bankruptcy of a member by sending or delivering it, in any manner authorised by the articles for the giving of notice to a member, addressed to them by name, or by the title of representatives of the deceased, or trustee of the bankrupt or by any like description at the address, if any, within the United Kingdom supplied for that purpose by the persons claiming to be so entitled. Until such an address has been supplied, a notice may be given in any manner in which it might have been given if the death or bankruptcy had not occurred.

WINDING UP

117. If the company is wound up, the liquidator may, with the sanction of an extraordinary resolution of the company and any other sanction required by the Act, divide among the members in specie the whole or any part of the assets of the company and may, for that purpose, value any assets and determine how the division shall be carried out as between the members or different classes of members. The liquidator may, with the like sanction, vest the whole or any part of the assets in trustees upon such trusts for the benefit of the members as he with the like sanction determines, but no member shall be compelled to accept any assets upon which there is a liability.

INDEMNITY

118. Subject to the provisions of the Act but without prejudice to any indemnity to which a director may otherwise be entitled, every director or other officer or auditor of the company shall be indemnified out of the assets of the company against any liability incurred by him in defending any proceedings, whether civil or criminal, in which judgment is given in his favour or in which he is acquitted or in connection with any application in which relief is granted to him by the court from liability for negligence, default, breach of duty or breach of trust in relation to the affairs of the company.

5.9 Anhang 9: Form 10

Companies House
— for the record —

10

Please complete in typescript,
or in bold black capitals.
CHWP000

First directors and secretary and intended situation of registered office

Notes on completion appear on final page

Company Name in full

Proposed Registered Office
(PO Box numbers only, are not acceptable)

Post town

County / Region

Postcode

If the memorandum is delivered by an agent for the subscriber(s) of the memorandum mark the box opposite and give the agent's name and address.

Agent's Name

Address

Post town

County / Region

Postcode

Number of continuation sheets attached

You do not have to give any contact information in the box opposite but if you do, it will help Companies House to contact you if there is a query on the form. The contact information that you give will be visible to searchers of the public record.

Tel

DX number   DX exchange

Companies House receipt date barcode
This form has been provided free of charge by Companies House

When you have completed and signed the form please send it to the
Registrar of Companies at:
Companies House, Crown Way, Cardiff, CF14 3UZ   DX 33050 Cardiff
for companies registered in England and Wales
or
Companies House, 37 Castle Terrace, Edinburgh, EH1 2EB
for companies registered in Scotland
DX 235 Edinburgh
or LP - 4 Edinburgh 2

v 08/02

Company Secretary (see notes 1-5)

Company name	

NAME	*Style / Title		*Honours etc	

* voluntary details

Forename(s)	
Surname	
Previous forename(s)	
Previous surname(s)	

†† Tick this box if the address shown is a service address for the beneficiary of a Confidentiality Order granted under section 723B of the Companies Act 1985 otherwise, give your usual residential address. In the case of a corporation or Scottish firm, give the registered or principal office address.

Address ††	
Post town	

County / Region		Postcode	

Country	

I consent to act as secretary of the company named on page 1

Consent signature		Date	

Directors (see notes 1-5)

Please list directors in alphabetical order

NAME	*Style / Title		*Honours etc	

Forename(s)	
Surname	
Previous forename(s)	
Previous surname(s)	

†† Tick this box if the address shown is a service address for the beneficiary of a Confidentiality Order granted under section 723B of the Companies Act 1985 otherwise, give your usual residential address. In the case of a corporation or Scottish firm, give the registered or principal office address.

Address ††	
Post town	

County / Region		Postcode	

Country	

	Day	Month	Year		
Date of birth				Nationality	

Business occupation	
Other directorships	

I consent to act as director of the company named on page 1

Consent signature		Date	

Directors (see notes 1-5)

Please list directors in alphabetical order

NAME	*Style / Title		*Honours etc

* Voluntary details

Forename(s)	
Surname	
Previous forename(s)	
Previous surname(s)	

†† Tick this box if the address shown is a service address for the beneficiary of a Confidentiality Order granted under section 723B of the Companies Act 1985 otherwise, give your usual residential address. In the case of a corporation or Scottish firm, give the registered or principal office address.

Address ††	
Post town	
County / Region	

Postcode

Country	

Day   Month   Year

Date of birth	

Nationality

Business occupation	
Other directorships	

I consent to act as director of the company named on page 1

Consent signature		Date

This section must be signed by either an agent on behalf of all subscribers or the subscribers (i.e those who signed as members on the memorandum of association).

Signed		Date	
Signed		Date	
Signed		Date	
Signed		Date	
Signed		Date	
Signed		Date	
Signed		Date	

160

Notes

1. Show for an individual the full forename(s) NOT INITIALS and surname together with any previous forename(s) or surname(s).

   If the director or secretary is a corporation or Scottish firm - show the corporate or firm name on the surname line.

   Give previous forename(s) or surname(s) except that:

   - for a married woman, the name by which she was known before marriage need not be given,

   - names not used since the age of 18 or for at least 20 years need not be given.

   A peer, or an individual known by a title, may state the title instead of or in addition to the forename(s) and surname and need not give the name by which that person was known before he or she adopted the title or succeeded to it.

   Address:

   Give the usual residential address.

   In the case of a corporation or Scottish firm give the registered or principal office.

   Subscribers:

   The form must be signed personally either by the subscriber(s) or by a person or persons authorised to sign on behalf of the subscriber(s).

2. Directors known by another description:

   - A director includes any person who occupies that position even if called by a different name, for example, governor, member of council.

3. Directors details:

   - Show for each individual director the director's date of birth, business occupation and nationality.
   The date of birth must be given for every individual director.

4. Other directorships:

   - Give the name of every company of which the person concerned is a director or has been a director at any time in the past 5 years. You may exclude a company which either **is or at all times during the past 5 years**, when the person was a director, **was:**

   - dormant,

   - a parent company which wholly owned the company making the return,

   - a wholly owned subsidiary of the company making the return, or

   - another wholly owned subsidiary of the same parent company.

   If there is insufficient space on the form for other directorships you may use a separate sheet of paper, which should include the company's number and the full name of the director.

5. Use Form 10 continuation sheets or photocopies of page 2 to provide details of joint secretaries or additional directors.

161

5.10 Anhang 10: Form 12

Companies House
— for the record —

12

Please complete in typescript,
or in bold black capitals.

CHWP000

Declaration on application for registration

Company Name in full

I,

of

† Please delete as appropriate.

do solemnly and sincerely declare that I am a † [Solicitor engaged in the
formation of the company][person named as director or secretary of the
company in the statement delivered to the Registrar under section 10 of the
Companies Act 1985] and that all the requirements of the Companies Act
1985 in respect of the registration of the above company and of matters
precedent and incidental to it have been complied with.

And I make this solemn Declaration conscientiously believing the same to
be true and by virtue of the Statutory Declarations Act 1835.

Declarant's signature

Declared at

Day   Month   Year

On

❶ Please print name.

before me ❶

Signed

Date

† A Commissioner for Oaths or Notary Public or Justice of the Peace or Solicitor

You do not have to give any contact
information in the box opposite but
if you do, it will help Companies
House to contact you if there is a
query on the form. The contact
information that you give will be
visible to searchers of the public
record.

Tel

DX number   DX exchange

Companies House receipt date barcode

This form has been provided free of charge
by Companies House.

Form revised 10/03

When you have completed and signed the form please send it to the
Registrar of Companies at:
Companies House, Crown Way, Cardiff, CF14 3UZ   DX 33050 Cardiff
for companies registered in England and Wales
or
Companies House, 37 Castle Terrace, Edinburgh, EH1 2EB
for companies registered in Scotland   DX 235 Edinburgh
                                              or LP - 4 Edinburgh 2

5.11 Anhang 11: Form 288a

Companies House
for the record

288a

APPOINTMENT of director or secretary
*(NOT for resignation (use Form 288b) or change
of particulars (use Form 288c))*

Please complete in typescript,
or in bold black capitals.

CHWP000

Company Number	
Company Name in full	

	Day Month Year		Day Month Year
Date of appointment		†Date of Birth	

Appointment form

Appointment as director ☐ as secretary ☐

Please mark the appropriate box. If appointment is as a director and secretary mark both boxes.

Notes on completion appear on reverse.

NAME	*Style / Title		*Honours etc	
	Forename(s)			
	Surname			
	Previous Forename(s)		Previous Surname(s)	

†† Tick this box if the address shown is a service address for the beneficiary of a Confidentiality Order granted under the provisions of section 723B of the Companies Act 1985

†† Usual residential address	
Post town	Postcode
County / Region	Country
†Nationality	†Business occupation
†Other directorships (additional space overleaf)	

Consent signature

I consent to act as ** director / secretary of the above named company

	Date	

* Voluntary details.
† Directors only.
**Delete as appropriate

A director, secretary etc must sign the form below.

Signed | Date

(**a director / secretary / administrator / administrative receiver / receiver manager / receiver)

You do not have to give any contact information in the box opposite but if you do, it will help Companies House to contact you if there is a query on the form. The contact information that you give will be visible to searchers of the public record..

	Tel
DX number	DX exchange

Companies House receipt date barcode

This form has been provided free of charge by Companies House

When you have completed and signed the form please send it to the Registrar of Companies at:
Companies House, Crown Way, Cardiff, CF14 3UZ   DX 33050 Cardiff
for companies registered in England and Wales   or
Companies House, 37 Castle Terrace, Edinburgh, EH1 2EB
for companies registered in Scotland   DX 235 Edinburgh
                        or LP - 4 Edinburgh 2

Form April 2002

Company Number

†Other directorships

NOTES

Show the full forenames, NOT INITIALS. If the director or secretary is a corporation or Scottish firm, show the name on surname line and registered or principal office on the usual residential line.

Give previous forenames or surname(s) except:
- for a married woman, the name by which she was known before marriage need not be given.
- for names not used since the age of 18 or for at least 20 years

A peer or individual known by a title may state the title instead of or in addition to the forenames and surname and need not give the name by which that person was known before he or she adopted the title or succeeded to it.

Other directorships.

Give the name of every company incorporated in Great Britain of which the person concerned is a director or has been a director at any time in the past five years.

You may exclude a company which either is, or at all times during the past five years when the person concerned was a director, was
- dormant
- a parent company which wholly owned the company making the return, or
- another wholly owned subsidiary of the same parent company.

5.12 Anhang 12: Form 600

G

CHWP000

FORM No. 600

Notice of appointment of liquidator
Voluntary winding up
(Members or Creditors)

600

Please do not
write in
this margin

Pursuant to section 109 of the Insolvency Act 1986

Please complete
legibly, preferably
in black type, or
bold block lettering

To the Registrar of Companies
(Address overleaf)

Name of company

For official use   Company number

* Insert full name
of company

Nature of Business

wreer

I / We give notice that I / we have been appointed liquidator(s) of the above company

on _____ .

† delete as
appropriate

The appointment was by [the company] [the creditors]†

Type of liquidation [Members] [Creditors]†

Name of Liquidator	
Office holder number	
Address	
Signature	Date

Name of Liquidator	
Office holder number	
Address	
Signature	Date

Presentor's name address and
reference (if any) :

For official Use (02/00)
General Section

Post room

Time Critical Reference

Notes

The address for companies registered in England and Wales or Wales is :-

The Registrar of Companies
Companies House
Crown Way
Cardiff
CF14 3UZ

or, for companies registered in Scotland :-

The Registrar of Companies
Companies House
37 Castle Terrace
Edinburgh
EH1 2EB

5.13 Anhang 13: Form 652a

652a

Application for striking off

Please complete in typescript,
or in bold black capitals
CHWP000

Company Number

Company Name In Full

I/We as **DIRECTOR(S)** apply for this company to be struck off the register.

In the past three months the company has not:

- traded or otherwise carried on business, or changed its name;

- disposed of for value any property or rights which it would have disposed of for value in the normal course of trading or carrying on business; or

- engaged in any other activity except for the purpose of making this application, settling its affairs or meeting a statutory requirement.

This company is not the subject of, nor the proposed subject of, insolvency proceedings or a section 425 scheme.

I/We enclose the fee of £10 (made payable to Companies House).

Director signatures (use continuation sheet if necessary).

Name of Director		
Signed		Date
Name of Director		
Signed		Date
Name of Director		
Signed		Date

You do not have to give any contact information in the box opposite but if you do, it will help Companies House to contact you if there is a query on the form. The contact information that you give will be visible to searchers of the public

Tel

DX number   DX exchange

When you have signed the form send it with the fee to the Registrar of Companies at:
Companies House, Crown Way, Cardiff, CF14 3UZ   DX 33050 Cardiff
for companies registered in England and Wales
or
Companies House, 37 Castle Terrace Edinburgh, EH1 2EB
for companies registered in Scotland   DX 235 Edinburgh
                                              or LP - 4 Edinburgh 2

Form revised 10/03

Notes:

Guidance notes on all aspects of striking off are available from Companies House. You are advised to read them fully BEFORE completing and returning this form.

If the company ceases to be eligible for striking off at any time after the application is made, then the application must be withdrawn using form 652c. Failure to do so is an offence.

Copies of this application must be sent to all notifiable parties i.e. creditors, employees, shareholders, pension managers or trustees and other directors of the company within 7 days from the day on which the application is made. Copies must also be sent to anyone who later becomes a notifiable party within 7 days of becoming so. You should check the guidance notes which contain a full list of those who must be notified. Failure to notify interested parties is an offence. It is advisable to obtain and retain some proof of delivery or posting of copies to notifiable parties.

This form must be signed by the sole director, by both if there are two, or by the majority if there are more than two. If more than three directors' signatures are required, continuation sheets for this form are available from Companies House.

6 LITERATURVERZEICHNIS

ACHLEITNER, ANN-KRISTIN/V. EINEM, CHRISTOPH/V. SCHRÖDER, BENEDIKT (2004): Private Debt – Alternative Finanzierung für den Mittelstand – Finanzmanagement, Rekapitalisierung, institutionelles Fremdkapital, Stuttgart 2004.

AHRWEILER, SONJA/ BÖRNER, CHRISTOPH J. (2003): Neue Finanzierungswege für den Mittelstand: Ausgangssituation, Notwendigkeit und Instrumente, in: Kienbaum, Jochen/ Börner, Christoph J. (Hrsg:): Neue Finanzierungswege für den Mittelstand. Von der Notwendigkeit zu den Gestaltungsformen, 2003, S. 3-73.

ALTMEPPEN, HOLGER (2004): Schutz vor „europäischen" Kapitalgesellschaften, in: NJW, 57. Jg., Nr. 03/2004, S. 97-104.

ALTMEPPEN, HOLGER/WILHELM, JAN (2004): Gegen die Hysterie um die Niederlassungsfreiheit der Scheinauslandsgesellschaften, in: DB, 57. Jg., Nr. 20/2004, S. 1083-1089.

BALSER, HEINRICH (2005): Die GmbH – umfassende Erläuterungen, Beispiele und Musterformulare für die Praxis, 13., vollst. neu überarb. Aufl., Freiburg et al. 2005.

BAYER, WALTER (2003): Die EuGH-Entscheidung "Inspire Art" und die deutsche GmbH im Wettbewerb der europäischen Rechtsordnungen, in: BB, 58. Jg., Nr. 45/2003, S. 2357-2366.

BAYER, WALTER (2004): Aktuelle Entwicklungen im Europäischen Gesellschaftsrecht, in: BB, 59. Jg., Nr. 01/2004, S. 1-11.

BEHRENS, PETER (1997): Die Gesellschaft mit beschränkter Haftung im internationalen und europäischen Recht, 2., völlig neu bearb. Aufl., Berlin/New York 1997.

BINGE, CHRISTOPH/THÖLKE, ULRICH (2004): „Everything goes!"? – Das deutsche Internationale Gesellschaftsrecht nach „Inspire Art", in: DNotZ, 104. Jg., S. 21-33.

BINNEWIES, BURKHARD (2004): EU-Kapitalgesellschaften als Alternative zur GmbH?, in: GmbHSTB, 8. Jg., Nr. 07/2004, S. 206-212.

BINZ, MARK K./MAYER, GERD (2003): Die ausländische Kapitalgesellschaft & Co. KG im Aufwind?, in: GmbHR, 94. Jg., Nr. 05/2003, S. 249-257.

BINZ, MARK K./SORG, MARTIN H. (2005): Die GmbH & Co. KG – im Gesellschafts- und Steuerrecht, 10. Aufl., München 2005.

BISSON, FRANK (2005): Die Strafbarkeit des Geschäftsführers oder Liquidators einer GmbH wegen Insolvenzverschleppung, in: GmbHR, 96. Jg., Nr. 13/2005, S. 843-852.

BOEWER, DIETRICH/GAUL, BJÖRN/OTTO, BJÖRN (2004): Zweites Gesetz zur Vereinfachung der Wahl der Arbeitnehmervertreter in den Aufsichtsrat und seine Auswirkungen auf die GmbH, in: GmbHR, 95. Jg., Nr. 16/2004, S. 1065-1069.

BOKELMANN, GUNTHER (1996): §§ 6-14, in: Schmidt, Karsten (Hrsg.): Münchener Kommentar zum Handelsgesetzbuch, Bd. 1: Erstes Buch: Handelsstand - §§ 1-104, München 1996.

BORGES, GEORG (2004): Gläubigerschutz bei ausländischen Gesellschaften mit inländischem Sitz, in: ZIP, 25. Jg., Nr. 16/2004, S. 733-744.

BRÖDER, ANDREAS (2005): Grundzüge der englischen Limited, in: SteuerStud, 26. Jg., Nr. 06/2005, S. 300-303.

BÜCKER, THOMAS (2003): Freie Auswahl im europäischen Gesellschaftsrecht – Luxemburger Gerichtshof ermöglicht Flucht aus der Mitbestimmung, in: FAZ, Nr. 233, 08.10.2003, S. 21.

BURG, MICHAEL (2004): Existenzvernichtungsschutz in der Private Limited Company?, in: GmbHR, 95. Jg., Nr. 21/2004, S. 1379-1383.

BUSCHMANN, BIRGIT ET AL. (2003): Rechtsformwahl im Mittelstand, Mannheim 2003.

CAMPOS NAVE, JOSÉ (2003): Die englische Limited (UK-Ltd.), in: NWB, Nr. 47/2005, Fach 18, S. 4021-4022.

CAMPOS NAVE, JOSÉ (2004): Die deutsche GmbH im Wettbewerb mit der UK-Ltd., in: NWB, Nr. 15/2005, Fach 18, S. 4059-4068.

DAVID, PETER (2003): Über den Umgang mit Schuldnern – der Wegweiser vom Vertragsabschluss bis zur eidesstattlichen Offenbarungsversicherung und Zwangsvollstreckung, 17., überarb. und erg. Aufl., Freiburg et al. 2003.

DAVIES, PAUL (1998): Legal Capital in Private Companies in Great Britain, in: AG, 43. Jg., Nr. 08/1998, S. 346-354.

DEFFLAND, BERND (2004): Die Geschäftsführung der GmbH & Co. KG – unter Darlegung der steuerrechtlichen, handelsrechtlichen und sozialversicherungspflichtigen Besonderheiten, in: SteuerStud, 25. Jg., Nr. 05/2004, S. 271-274.

DEGENHARDT, KLAUS (2005a): Die "Limited" in Deutschland, 4., neubearb. Aufl., Bremen 2005.

DEGENHARDT, KLAUS (2005b): Der einfachste Weg zur eigenen GmbH – Unter Berücksichtigung des Mindestkapitalgesetzes, 3., neubearb. Aufl., Bremen 2005.

DIERKSMEIER, JOCHEN (2005): Die englischen Ltd. in Deutschland – Haftungsrisiko für Berater, in: BB, 60. Jg., Nr. 28/2005, S. 1516-1523.

EBERT, SABINE/LEVEDAG, CHRISTIAN (2003): Die zugezogene „private company limited by shares (Ltd.)" nach dem Recht von England und Wales als Rechtsformalternative für in- und ausländische Investoren in Deutschland, in: GmbHR, 94. Jg., Nr. 22/2003, S. 1337-1346.

EIDENMÜLLER, HORST (2002): Wettbewerb der Gesellschaftsrechte in Europa, in: ZIP, 23. Jg., Nr. 50/2002, S. 2233-2244.

EIDENMÜLLER, HORST/REHM GEBHARD M. (1997): Gesellschafts- und zivilrechtliche Folgen der Sitztheorie, in: ZGR, .26 Jg., Nr. 01/1997, S. 89-114.

EIDENMÜLLER, HORST/REHM GEBHARD M. (2004): Niederlassungsfreiheit versus Schutz des inländischen Rechtsverkehrs – Konturen des Europäischen Internationalen Gesellschaftsrecht, in: ZGR, 33. Jg., Nr. 02/2004, S. 159-188.

EISNER, HELMUT (2005): Kapitalersatz- und Insolvenzverschleppungshaftung im Fall der Scheinauslandsgesellschaft, in: ZInsO, 8. Jg., Nr. 01/2005, S. 20-23.

ESCH, GÜNTER (1991): Die GmbH & Co. Als „Einheitsgesellschaft", in: BB, 46. Jg., Nr. 17/1991, S. 1129-1134.

FARRAR, JOHN H. (1998): Company general meetings, in: Farrar, John H./Hannigan, Brenda (Hrsg.): Company Law, 4. Aufl.; London et al. 1998, S. 308-321.

FLEISCHER, HOLGER (2000): Gläubigerschutz in der kleinen Kapitalgesellschaft: Deutsche GmbH versus englische private limited company, in: DStR, 38. Jg., Nr. 24/2000, S. 1015-1021.

FLORE, INGO/SCHWEDTMANN, HJALMAR (2000): Die GmbH – Rechtsformvergleich in Europa, in: GmbHStB, 4. Jg., Nr. 05/2000, S. 130-135.

171

FÖRSTER, GUIDO (2001): Rechtsformwahl, Umwandlung und Unternehmenskauf nach der Unternehmenssteuerreform, in: WPg, 54. Jg., Nr. 21/2001, S. 1234-1249.

FÖRSTER, GUIDO/BRINKMANN, LARS (2002): Die Vorteilhaftigkeit "zusammengesetzter Rechtsformen" nach der Unternehmenssteuerreform, in: BB, 57. Jg., Nr. 25/2002, S. 1289-1296.

FORSTHOFF, ULRICH/SCHULZ, MARTIN (2005): Gläubigerschutz bei EU-Auslandsgesellschaften, in: Hirte, Heribert/Bücker, Thomas (Hrsg.): Grenzüberschreitende Gesellschaften – Praxishandbuch für ausländische Kapitalgesellschaften mit Sitz im Inland, Köln/Berlin/München 2005, S. 432-467.

FRÈRE, ERIC/JÄGER, CLEMENS (2005): Private limited Company – theoretische, rechtliche und praxisorientierte Analyse, Essen 2005.

FRICK, BERTOLD (2005): Die LIMITED englischen Rechts: Chancen oder Trugschluss, www.eurojuris.de, Abrufdatum 07.12.05.

FRÖHLICH, OLIVER (2004): Formwechsel in eine GmbH & Co. KG, in: GmbHSTB, 8. Jg., Nr. 06/2004, S. 186-187.

FUHRMANN, CLAAS (2005): Liquidation der GmbH im Zivil- und Steuerrecht, in: KöSDi, 38. Jg., Nr. 12/2005, S. 14906-14913.

GAGEUR, PATRICK (2004/2005): Gesellschaftsrechtliche und steuerliche Folgen des Wechsels zur „Gründungstheorie" in Europa: die englische „Limited" als Alternative zur GmbH?, http://www.grin.com, Abrufdatum: 06.12.2005.

GEBEL, DIETER(2005): Einführung, in: Troll, Max/Gebel, Dieter/Jülicher, Marc (Hrsg.): Erbschaftsteuer- und Schenkungsteuergesetz – Kommentar, München 2005.

GEBHARDT, GÜNTHER (1981): Tendenzen bei der Umsetzung der Vierten Richtlinie in das nationale Recht der EG-Mitgliedsländer, in: ZGR, 10. Jg., Nr. 02/1981, S. 221-248.

GEYRHALTER, VOLKER/GÄNßLER, PEGGY (2003): Perspektiven nach „Überseering" – wie geht es weiter?, in: NZG, 6. Jg., Nr. 09/2003, S. 409-414.

GOETTE, WULF (2005): Wo steht der BGH nach „Centros" und Inspire Art"?, in: DStR, 43. Jg., Nr. 05/2005, S. 197-201.

GOLDSTEIN; ELMAR/WULFERDING, KLAUS (2004): EURO-GmbH – So setzen Sie eine englische Limited in Deutschland ein, Heppenheim/Birmingham 2004.

GOWER, LAURENCE C./DAVIES, PAUL L. (2003): Principles of Modern Law, London 2003.

GRAF, HELMUT/BISLE, MICHAEL (2004a): Besteuerung und Rechnungslegung der britischen „private company limited by shares" – Teil 1, in: IStR, 13. Jg., Nr. 23/2004, S. 838-840.

GRAF, HELMUT/BISLE, MICHAEL (2004b): Besteuerung und Rechnungslegung der britischen „private company limited by shares" – Teil 2, in: IStR, 13. Jg., Nr. 24/2004, S. 873-875.

GREFE, CORD (2002): Unternehmenssteuern, 6. aktualisierte und erw. Aufl., Kiel 2002.

GRUNDMANN, STEFAN/MÖSLEIN, FLORIAN (2003): Die Goldene Aktie – Staatskontrollrechte in Europarecht und wirtschaftspolitischer Bewertung, in: ZGR, 32. Jg., Nr. 03/2003, S. 317-366.

GRÜTTERS, JOCHEN (2005): Limited auf dem Vormarsch – Serien-Reinfälle nicht ausgeschlossen, in: BB, 60. Jg., Nr. 28-29/2005, S. 1523.

HAACK, HANSJÖRG (2003): Die Gesellschaft mit beschränkter Haftung, in: NWB, Nr. 17/2003, Fach 18, Seite 3961-3980.

HAASE, FLORIAN F. (2002): Steuerliche Aspekte der Rechtsformwahl – Eine Einführung anhand von Beispielen, in: SteuerStud, 23. Jg., Nr. 04/2002, S. 199-204.

HABERSACK, MATHIAS/VERSE, DIRK A. (2004): Wrongful Trading – Grundlage einer europäischen Insolvenzverschleppungshaftung?, in: ZHR, 168. Jg., Nr. 02/2004, S. 174-215.

HAPP, WILHELM (2005): Deregulierung der GmbH im Wettbewerb der Rechtsformen – Entformalisierung des Rechts der Gesellschafter, in: ZHR, 169. Jg., Nr. 01/2005, S. 6-34.

HAPP, WILHELM/HOLLER, LORENZ (2004): „Limited" statt GmbH? – Risiken und Kosten werden gerne verschwiegen, in: DStR, 42. Jg., Nr. 17/2004, S. 730-736.

HARTMANN, STEFAN (2005): Englische Limited (Ltd.) für Deutschland – Vor- und Nachteile für deutsche Gründer, Ratschläge, Tipps uvm., 3. Aufl., Berlin 2005.

HAUSMANN, RAINER (1996): Vertretungsmacht und Verfügungsbefugnis, in: Reithmann, Christoph/Martiny, Dieter (Hrsg.): Internationales Vertragsrecht – das internationale Privatrecht der Schuldverträge, Köln 1996.

HECKSCHEN, HERIBERT (2004): Deutsche GmbH vor dem Aus? Eine merkwürdige „wissenschaftliche" Diskussion, in: GmbHR, 95. Jg., Nr. 02/2004, S. R025-R026.

HEIDEMANN, OTTO (2005): Die GmbH & Co. KG als steuerliche Gestaltungsalternative, in: INF, 59. Jg., Nr. 11/2005, S. 427-432.

HEINZ, VOLKER G. (2004): Die englische Limited – eine Darstellung des Gesellschafts- und Steuerrechts mit Gesetzesauszügen und Mustern, Baden-Baden 2004.

HELLERMANN, KLAUS (2004): Die Publizität des Jahresabschlusses geschlossener Kapitalgesellschaften . Eine juristisch-ökonomische Analyse am Beispiel Deutschlands und Großbritanniens, Diss., Baden-Baden 2004.

HERCHEN, AXEL (2005): »Checkliste« zur Eintragung einer Zweigniederlassung einer englischen private company limited by shares im Handelsregister, in: RIW, 51. Jg., Nr. 07/2005, S. 529-533.

HERDEGEN, MARTIN (1995): Internationales Wirtschaftsrecht, 2. Aufl., München 1995.

HESS, KLAUS-PETER (1994): Durchgriff im englischen und schottischen Gesellschaftsrecht (Lifting the veil), in: RIW, 40. Jg., Nr. 10/1994, S. 826-829.

HEUSER, PAUL J./THEILE, CARSTEN (2005): Auswirkungen des Bilanzrechtsreformgesetzes auf den Jahresabschluß und Lagebericht der GmbH, in: GmbHR, 96. Jg., Nr. 04/2005, S. 201-206.

HILPERT, ESTHER CORDULA (2003): Die Gründerhaftung in der Gesellschaft mit beschränkter Haftung in Deutschland, Frankreich und England, Diss., Frankfurt am Main et al. 2003.

HIRSCH, ALEXANDER (2003): Artfully Inspired – Werden deutsche Gesellschaften englisch?, in: NZG, 6. Jg., Nr. 23/2003, S. 1100-1104.

HIRTE, HERIBERT (2003): Kapitalgesellschaftsrecht, 4., neu bearb. Aufl., Köln 2003.

HIRTE, HERIBERT (2005a): Die »Limited« mit Sitz in Deutschland – Abkehr von der Sitztheorie nach Centros, Überseering und Inspire Art, in: Hirte, Heribert/Bücker, Thomas (Hrsg.): Grenzüberschreitende Gesellschaften – Praxishandbuch für ausländische Kapitalgesellschaften mit Sitz im Inland, Köln/Berlin/München 2005, S. 1-49.

HIRTE, HERIBERT (2005b): Einleitung, in: o. V. (Hrsg.): Aktiengesetz – GmbH-Gesetz, 38. überarb. Aufl. , S. IX-XXXII.

HOFERT, SEBASTIAN/ARENDS, VOLKER (2005): Mezzanine-Finanzierung der GmbH, in: GmbHR, 96. Jg., Nr. 21/2005, S. 1381-1386.

HÖFLACHER, STEFAN/WENDTLANDT, KLAUS (2001): Rechtsformwahl nach der Unternehmenssteuerreform 2001, in: GmbHR, 92. Jg., Nr. 18/2001, S. 793-797.

HÖFLING, BARBARA SABINE (2002): Das englische internationale Gesellschaftsrecht, Diss., Heidelberg 2002.

HÖFNER, KLAUS D. (2004): Der EuGH bestätigt die Offenlegungspflicht der GmbH & Co. KG, in: GmbHR, 95. Jg., Nr. 23/2004, S. R481-R482.

HÖRETH, ULRIKE/SCHIEGL, BRIGITTE (2004): Die „Limited" – Rechtsform der Zukunft – Löst die Limited in Deutschland die GmbH ab?, Stuttgart 2004.

HUBER, ULRICH (2005a): Gesellschafterdarlehen in der Inlandsinsolvenz von Auslandsgesellschaften, in: Lutter, Marcus (Hrsg.): Europäische Auslandsgesellschaften in Deutschland, Köln 2005, S. 131-222.

HUBER, ULRICH (2005b): Die Insolvenzantragspflicht der Geschäftsführer von Auslandsgesellschaften, in: Lutter, Marcus (Hrsg.): Europäische Auslandsgesellschaften in Deutschland, Köln 2005, S. 307-364.

HÜTTCHE, TOBIAS/VON BRANDIS, HENNING (2003): Lexikon Rechnungslegung, Bilanzanalyse und Bilanzpolitik – HGB und IAS/IFRS, Stuttgart 2003.

JACHMANN, MONIKA/KLEIN, DENNIS (2005): Die englische »private limited company« im deutschen Haftungs- und Steuerrecht, in: StB, 56. Jg., Nr. 10/2005, S. 374-379.

JORDE, THOMAS R./GOTZ, HELLMUT (2003): Maßgebende Gesichtspunkte der Rechtsformwahl unter Steuer-, Liquiditäts- und Bewertungsaspekten, in: BB, 58. Jg., Nr. 35/2003, S. 1813-1818.

JULA, ROCCO (2003): Ausländische Kapitalgesellschaften als Alternative zur GmbH, in: INF, 57. Jg., Nr. 22/2003, S. 874-876.

JÜLICHER, MARC (2005a): §§ 13 a, 19 a ErbStG in der Rechtsprechung, in: ZErb, 7. Jg., S. 312-316.

JÜLICHER, MARC (2005b): Wertermittlung, in: Troll, Max/Gebel, Dieter/Jülicher, Marc (Hrsg.): Erbschaftsteuer- und Schenkungsteuergesetz – Kommentar, München 2005.

JUNKER, ABBO (2004): Sechsundsiebzig verweht – Die deutsche Mitbestimmung endet in Europa, in: NJW, 57. Jg., Nr. 11/2004, S. 728-730.

JUST, CLEMENS (2005): Die englische Limited in der Praxis – Mit Formularteil, München 2005.

JÜTTNER, ANDREAS (2005): Gesellschaftsrecht und Niederlassungsfreiheit – nach Centros, Überseering und Inspire Art, Diss, Frankfurt am Main 2005.

KALLMEYER, HARALD (2004): Vor- und Nachteile der englischen Limited im Vergleich zur GmbH oder GmbH & Co. KG, in: DB, 57. Jg., Nr. 12/2004, S. 636-639.

KAMP, MARCUS (2004): Die unternehmerische Mitbestimmung nach „Überseering" und „Inspire Art", in: BB, 59. Jg., Nr. 27/2004, S. 1496-1500.

KARSTEN, FREDERIK (2006): Deregulierung der GmbH-Gründung, in: GmbHR, 97. Jg., Nr. 02/2006, S. 57-65.

KASOLOWSKY, BORIS (2005): Die Private Limited Company – England und Wales, in: Hirte, Heribert/Bücker, Thomas (Hrsg.): Grenzüberschreitende Gesellschaften – Praxishandbuch für ausländische Kapitalgesellschaften mit Sitz im Inland, Köln/Berlin/München 2005, S. 120-152.

KESSLER, WOLFGANG/MÜLLER, MICHAEL A. (2003): Ort der Geschäftsleitung einer Kapitalgesellschaft nach nationalem und DBA-Recht – Bestandsaufnahme und aktuelle Entwicklungen, in: IStR, 12. Jg., Nr. 11/2003, S. 361-396.

KESSLER, WOLFGANG/SCHIFFERS, JOACHIM/TEUFEL, TOBIAS (2002): Rechtsformwahl – Rechtsformoptimierung, München 2002.

KINDLER; PETER (2003): „Inspire Art" – Aus Luxemburg nicht Neues zum internationalen Gesellschaftsrecht, in: NZG, 6. Jg., Nr., 23/2003, S. 1086-1090.

KISKER, ARND (1992): Die Struktur der deutschen GmbH im Vergleich zur Struktur der englischen Private Limited Company, Diss., Münster 1992.

KLANDT, HEINZ/BRÜNING, ERDME (2002): Das internationale Gründungsklima – neun Länder im Vergleich ihrer Rahmenbedingungen für Existenz- und Unternehmensgründungen, Berlin 2002.

KLOSE-MOKROß, LYDIA (2005a): Die Eintragung der Zweigniederlassung einer englischen „private limited company" in das deutsche Handelsregister (Teil I), in: DStR, 43. Jg., Nr. 23/2005, S. 971-975.

KLOSE-MOKROß, LYDIA (2005b): Die Eintragung der Zweigniederlassung einer englischen „private limited company" in das deutsche Handelsregister (Teil II), in: DStR, 43. Jg., Nr. 24/2005, S. 1013-1018.

KNÜTEL, CHRISTIAN (2004): Nachtragsliquidation des inländischen Vermögens einer englischen Kapitalgesellschaft, in: RIW, 50. Jg., Nr. 07/2004, S. 503-505.

KÖGEL, STEFAN (2004): Gründung einer ausländischen Briefkastenfirma: Wann ist eine Zweigniederlassung in Deutschland eine Zweigniederlassung?, in: DB, 57. Jg., Nr. 33/2004, S. 1763-1766.

KÖKE, JENS (2005): Die englische Limited in der Insolvenz, in: ZInsO, 8. Jg., Nr. 07/2005, S. 354-358.

KÖNIG, ROLF/SURETH, CAREN (2002): Besteuerung und Rechtsformwahl, 3., aktualisierte und erw. Aufl., Herne/Berlin 2002.

KORNBLUM, UDO (2006): Bundesweite Rechtstatsachen zum Unternehmens- und Gesellschaftsrecht, Stand 1.1.2005, in: GmbHR, 97. Jg., Nr. 01/2006, S. 28-39.

KORTS, SEBASTIAN (2004): Die Europäische Kapitalgesellschaft (& Co. KG) am Beispiel einer Limited (& Co. KG), Heidelberg 2004.

KORTS, SEBASTIAN/KORTS, PETRA (2005): Die steuerrechtliche Behandlung der in Deutschland tätigen englischen Limited, in: BB, 60. Jg., Nr. 27/2005, S. 1474-1477.

KOWALSKI, ANDRÉ/BORMANN, MICHAEL (2005): Beteiligung einer ausländischen juristischen Person als Komplementärin einer deutschen KG, in: GmbHR, 96. Jg., Nr. 16/2005, S. 1045-1048.

KRATZSCH, ALEXANDER (2005): Gründung einer englischen Limited eine zweckmäßige Gestaltungsmöglichkeit?, in: GStB, 9. Jg., Nr. 07/2005, S. 246-253.

KUSMAUL, HEINZ/TERNIG, HELMUT (2004): Vergleich der laufenden Steuerbelastung von GmbH und KG aus der Sicht mittelständischer Unternehmer auf Basis der jüngsten steuerlichen Gesetzgebung, in: DB, 57. Jg., Nr. 22/2004, S. 1161-1165.

KÜTING, KARLHEINZ/HAYN, SVEN (1995): Wesentliche Unterschiede der Rechnungslegung in Großbritannien und Deutschland, in: ZGR, 24. Jg., Nr. 01/1995, S. 111-133.

LANZIUS, TIM (2004): Die Directors Disqualification des englischen Rechts – ein Baustein zum Schutz des deutschen Rechtsverkehrs vor Scheinauslandsgesellschaften; in: ZInsO, 7. Jg., Nr. 06/2004, S. 296-302.

LEIBLE, STEFAN (2005): Internationale Zuständigkeit bei Klagen gegen ausländische Gesellschaften mit deutschem Verwaltungssitz, in: Hirte, Heribert/Bücker, Thomas (Hrsg.): Grenzüberschreitende Gesellschaften – Praxishandbuch für ausländische Kapitalgesellschaften mit Sitz im Inland, Köln/Berlin/München 2005, S. 331-346.

LEIBNER, WOLFGANG (2002): Haftungsrisiken des GmbH-Geschäftsführers bei drohender Insolvenz, in: GmbHR, 93. Jg., Nr. 09/2002, S. 424-427.

LEMBECK, EVA-DÉSIRÉE (2003): UK Company Law Reform – Ein Überblick, in: NZG, 6. Jg., Nr. 20/2003, S. 956-965.

LIEDER, JAN (2005): Die Haftung der Geschäftsführer und Gesellschafter von EU-Auslandsgesellschaften mit tatsächlichem Verwaltungssitz in Deutschland, in: DZWIR, 15. Jg., S. 399-410.

LOVELLS (2003): Verdrängen Ltd. und PLC die deutsche AG und GmbH? Das Überseering-Urteil des EuGH und die Vorteile ausländischer Rechtsformen für Ihr Unternehmen, Alicante et al. 2003.

LÜHRSEN, JANET (2005): GmbH oder Limited? – Eine praktische Entscheidungshilfe für Unternehmer, Bremen 2005.

LUKE, JOACHIM (2005): Die U.K. Limited – Rechtliche Grundlagen und praktische Hilfen, Stuttgart et al. 2005.

LUTTER, MARCUS (1997): Haftungsrisiken des Geschäftsführers einer GmbH, in: GmbHR, 88. Jg., Nr. 08/1997, S. 329-335.

LUTTER, MARCUS/HOMMELHOFF, PETER (2004): GmbH-Gesetz - Kommentar, 16., neu bearb. und erw. Aufl., Köln 2004.

MANKOWSKI, PETER (2005): Registrierung, Firmenführung und Vertretungsnachweis im deutschen Registerverfahren, in: Hirte, Heribert/Bücker, Thomas (Hrsg.): Grenzüberschreitende Gesellschaften – Praxishandbuch für ausländische Kapitalgesellschaften mit Sitz im Inland, Köln/Berlin/München 2005, S. 347-388.

MAUL, SILJA/SCHMIDT, CLAUDIA (2003): Inspire Art – Quo vadis Sitztheorie?, in: BB, 58. Jg., Nr. 44/2003, S. 2297-2300.

MEILICKE, WIENAND (1990): Sitztheorie und EWG-Vertrag nach Handels- und Steuerrecht, in: RIW, 36. Jg., Nr. 06/1990, S. 449-452.

MEILICKE, WIENAND (2003): Die Niederlassungsfreiheit nach „Überseering", in: GmbHR, 94. Jg., Nr. 14/2003, S. 793-809.

MELLERT, CHRISTOFER RUDOLF/VERFÜRTH, LUDGER C. (2005): Wettbewerb der Gesellschaftsformen – Ausländische Kapitalgesellschaften als Alternative zu AG und GmbH, Berlin 2005.

MERZ, FRIEDRICH/GOTTSCHALK, MICHAEL (2006): Die GmbH im Jahr 2006 – ein Ausblick, in: GmbHR, 97. Jg., Nr. 01/2006, S. R001-R002.

MEYER-LÖWY, BERND/POERTZGEN, CHRISTOPH/DE VRIES, TILLMAN (2005): Einführung in das englische Insolvenzrecht, in: ZInsO, 8. Jg., Nr. 06/2005, S. 293-298.

MEYER-SCHARENBERG, DIRK (2003): Rechtsformwahl, in: Dowling, Michael/Drumm, Hans J. (Hrsg.): Gründungsmanagement, 2., neubearb. und erw. Aufl., Berlin 2003.

MICHALSKY, UDO (1991): Vergleichender Überblick über das Recht der Kapitalgesellschaften in Großbritannien, in: DStR, 29. Jg., Nr. 50/1991, S. 1660-1664.

MICHELER, EVA (2004): Gläubigerschutz im englischen Gesellschaftsrecht – Reformvorschlage mit Implikationen für Europa, in: ZGR, 33. Jg., Nr. 3-4/2004, S. 324-347.

MOCK, SEBASTIAN/SCHILDT, CHARLOTTE (2003): Insolvenz ausländischer Kapitalgesellschaften mit Sitz in Deutschland, in: ZInsO, 6. Jg., Nr. 07/2003, S. 396-402.

MOCK, SEBASTIAN/SCHILDT, CHARLOTTE (2005): Insolvenz ausländischer Kapitalgesellschaften mit Sitz in Deutschland, in: Hirte, Heribert/Bücker, Thomas (Hrsg.): Grenzüberschreitende Gesellschaften – Praxishandbuch für ausländische Kapitalgesellschaften mit Sitz im Inland, Köln/Berlin/München 2005, S. 468-492.

MOHR, RANDOLF (2001): Aufsichtsrat und Beirat in der GmbH, in: GmbHStB, 5. Jg., Nr. 03/2001, S. 86-89.

MÜLLER, HANS-FRIEDRICH (2003): Insolvenz ausländischer Kapitalgesellschaften mit inländischem Verwaltungssitz, in: NZG, 6. Jg., Nr. 09/2003, S. 414-418.

MÜLLER-BONANNI, THOMAS (2003): Unternehmensmitbestimmung nach „Überseering" und „Inspire Art", in: GmbHR, 94. Jg., Nr. 21/2003, S. 1235-1239.

MÜLLER-BONANNI, THOMAS (2005): Mitbestimmung, in: Hirte, Heribert/Bücker, Thomas (Hrsg.): Grenzüberschreitende Gesellschaften – Praxishandbuch für ausländische Kapitalgesellschaften mit Sitz im Inland, Köln/Berlin/München 2005, S. 389-410.

NEU, NORBERT (2005): Die englische Limited mit Geschäftsleitung im Inland, in: GmbHSTB, 9. Jg., Nr. 12/2005, S. 371-376.

o. V. (1991a): Auflösung der GmbH, in: GmbHR, 82. Jg., Nr. 05/1991, S. R35-R36.

o. V. (1991b): Liquidation der GmbH, in: GmbHR, 82. Jg., Nr. 09/1991, S. R67-R68.

o. V. (2003): Insolvenzfähigkeit einer englischen Limited in Deutschland, in: NJW, 56. Jg., Nr. 39/2003, S. 2835-2836.

o. V. (2005a): Private Linited Company – Gründung, Führung, Besteuerung in Deutschland, Freiburg 2005.

o. V. (2005b): Zur Haftung des Directors einer englischen Ltd., in: ZInsO, 8. Jg., Nr. 10/2005, S. 558-560.

o. V. (2006a): Die GmbH soll attraktiver werden – Deutsche Wirtschaft fordert Erleichterungen, in FAZ, Nr. 39, 15.02.2006, S. 13.

o. V. (2006b): Wirtschaft fordert erleichterte GmbH-Gründung, in HB, Nr. 33, 15.02.2006, S. 4.

PAEFGEN, WALTER G. (2003): Auslandsgesellschaften und Durchsetzung deutscher Schutzinteressen nach „Überseering", in: DB, 56. Jg., Nr. 09/2003, S. 487-492.

PANNEN, KLAUS/RIEDEMANN, SUSANNE (2005): Die englische „Ltd." mit Verwaltungssitz in Deutschland in der Insolvenz, in: MDR, 59. Jg., Nr. 09/2005, S. 496-498.

PERNICE, CHRISTINA (2002): Die Insolvenzverschleppungshaftung durch das Geschäftsführungsorgan der kleinen Kapitalgesellschaft im deutschen, französischen und englischen Recht, Diss., Frankfurt am Main et al. 2002.

REICHOLD, HERMANN (1999): Von der Internationalisierung der Märkte zur Internationalisierung des Gesellschaftsrechts?, in: Kutschker, Michael (Hrsg.): Perspektiven der Internationalen Wirtschaft, Wiesbaden 1999, S. 63-100.

RHODE, ANDREAS (2006): Limited versus GmbH – ein Rechtsformvergleich, in: INF, 60. Jg., Nr. 01/2006, S. 24-29.

RICHARDI, REINHARD (2005): Einleitung in: o. V. (Hrsg.): Arbeitsgesetze – mit den wichtigsten Bestimmungen zum Arbeitsverhältnis, Kündigungsrecht, Arbeitsschutzrecht, Berufsbildungsrecht, Tarifrecht, Betriebsverfassungsrecht, Mitbestimmungsrecht und Verfahrensrecht, 67., neu bearb. Aufl., München 2005, S. I-XLIII.

RIEDEMANN, SUSANNE (2004): Das Auseinanderfallen von Gesellschafts- und Insolvenzstatut „Inspire Art" und die Insolvenz über das Vermögen einer englischen „limited" in Deutschland, in: GmbHR, 95. Jg., Nr. 06/2004, S. 345-349.

RIEGGER; BODO (2004): Centros – Überseering – Inspire Art: Folgen für die Praxis in: ZGR, 33. Jg., Nr. 3-4/2004, S. 510-530.

RÖMERMANN, VOLKER/JOHNEN, AXEL (2005): Limited vs. GmbH: Einige „Schlachten" hat die Limited schon gewonnen, den „Krieg" aber noch nicht, in: GmbHR, 96. Jg., Nr. 17/2005, S. R305-R306.

ROTH, WULF-HENNING (2000): "Centros": Viel Lärm um Nichts?, in: ZGR, 29. Jg., Nr. 02/2000, S. .311-338.

ROTH, WULF-HENNING (2003): Internationales Gesellschaftsrecht nach Überseering, in: IPrax, Nr.02/2003, S. 117-127.

SANDROCK, OTTO (2004): Gehören die deutschen Regelungen über die Mitbestimmung auf Unternehmensebene wirklich zum deutschen ordre public?, in: AG, 49. Jg., Nr. 02/2004, S. 57-66.

SCHALL, ALEXANDER/WESTHOFF, ANDRÉ (2004): Warum Deutschland eine neue Kapitalgesellschaftsform braucht, in: GmbHR, 95. Jg., Nr. 18/2004, S. R381.

SCHANZE, ERICH/JÜTTNER, ANDREAS (2003a): Anerkennung und Kontrolle ausländischer Gesellschaften – Rechtslage und Perspektiven nach der Überseering-Entscheidung des EuGH, in: AG, 48. Jg., Nr. 01/2003, S. 30-36.

SCHANZE, ERICH/JÜTTNER, ANDREAS (2003b): Die Entscheidung für Pluralität – Kollisionsrecht und Gesellschaftsrecht nach der EuGH-Entscheidung „Inspire Art", in: AG, 48. Jg., Nr. 12/2003, S. 661-671.

SCHEIDLE, HELMUT (1986): Die GmbH & Co. KG als attraktive Unternehmensform nach dem Bilanzrichtlinien-Gesetz?, in: BB, 41. Jg., Nr. 31/1986, S. 2065-2073.

SCHIESSL, MARTIN (2005): Steuerrecht, in: Hirte, Heribert/Bücker, Thomas (Hrsg.): Grenzüberschreitende Gesellschaften – Praxishandbuch für ausländische Kapitalgesellschaften mit Sitz im Inland, Köln/Berlin/München 2005, S. 524-540.

SCHMIDT, CLAUDIA/MAUL, SILJA (2006): Niederlassungsfreiheit: Eintragung einer grenzüberschreitenden Verschmelzung in das nationale Handelsregister darf nicht verweigert werden – SEVIC Systems, in: BB, 61. Jg., Nr. 01/2006, S. 11-14.

SCHMIDT, JESSICA (2005): Haftung und Rechtsverhältnis im Gründungsstadium einer „deutschen" Limited, in: RIW, 51. Jg., Nr. 11/2005, S. 827-833.

SCHMIDT, KARSTEN (2000): Rechtszustand vor der Eintragung, in: Scholz, Franz (Hrsg.): Kommentar zum GmbH-Gesetz – mit Anhang Konzernrecht, Bd. 1, §§ 1-44, 9., neubearb. und erw. Aufl., Köln 2000.

SCHMIDT, KARSTEN (2004): Verlust der Mitte durch »Inspire Art«? – Verwerfungen im Unternehmensrecht durch Schreckreaktionen der Literatur, in: ZHR, 168. Jg., Nr. 05/2004, S. 493-502.

SCHMIDT-TIEDEMANN, ULRIKE (2004): Geschäftsführung und Vertretung im Gesellschaftsrecht Deutschlands, Frankreichs und Englands – eine rechtsvergleichende Untersuchung zur Feststellung gemeineuropäischer Prinzipien des Gesellschaftsrechts, Diss., Frankfurt am Main et al. 2004.

SCHNITTKER, HELDER/LEMAITRE, CLAUS (2003): Steuersubjektqualifikation ausländischer Personen- und Kapitalgesellschaften anhand des Rechtstypenvergleichs: Welche Vergleichskriterien sind heranzuziehen?, in: GmbHR, 94. Jg., Nr. 22/2003, S. 1314-1320.

SCHÖN, WOLFGANG (2000): Freie Wahl zwischen Zweigniederlassung und Tochtergesellschaft – ein Grundsatz des Europäischen Unternehmensrechts, in: EWS, 11. Jg., Nr. 07/2000, S. 281-291.

SCHREIBER, ULRICH (2002): Die Steuerbelastung der Personenunternehmen und der Kapitalgesellschaften – Ein Beitrag zur Weiterentwicklung der Unternehmensbesteuerung, in: WPg, 55. Jg., Nr. 11/2002, S. 557-571.

SCHRÖDER, HENNING/SCHNEIDER, VERA MARIA (2005): Geschäftsführerhaftung bei einer Private Limited Company mit Verwaltungssitz in Deutschland, in: GmbHR, 96. Jg., Nr. 19/2005, S. 1288-1291.

SCHUMANN, ALEXANDER (2004): Die englische Limited mit Verwaltungssitz in Deutschland: Kapitalaufbringung, Kapitalerhaltung und Haftung bei Insolvenz, in: DB, 57. Jg., Nr. 14/2004, S. 743-749.

SCHWILDEN, STEPHAN (2005): Die rechtliche Stellung des GmbH-Geschäftsführers und des englischen managing directors einer englischen private limited company im Vergleich, Diss., Frankfurt am Main et al. 2005.

SHEARMAN, JENNIFER (1992): Die Gesellschaft mit beschränkter Haftung in England und Wales, in: GmbHR, 83. Jg., Nr. 03/1992, S. 149-157.

SIEBERT, OLIVER (2004): Die Durchgriffshaftung im englischen und deutschen Recht – Das Konzept der juristischen Person und seine Grenzen, Diss., Frankfurt am Main et al. 2004.

SILBERBERGER, MICHAEL/BUHL, OLIVER (2005): Die britische Limited in Österreich und Deutschland – Die intelligente und innovative Alternative zur GmbH, 2. Aufl., Wien 2005.

STEHLE, HEINZ/STEHLE, ANSELM (2005): Die rechtlichen und steuerlichen Wesensmerkmale der verschiedenen Gesellschaftsformen – Vergleichende Tabellen, 19., überarb. Aufl., Stuttgart et al. 2005.

STEIN, MICHAEL (2004): Kapitalerhaltung bei GmbH und AG, in: DZWIR, 14. Jg., Nr. 12/2004, S. 493-499.

STREIM, HANNES/KLAUS, HANS (1994): Zur Rechnungslegung, Prüfung und Publizität der GmbH & Co. KG, in: BB, 49. Jg., Nr. 16/1994, S. 1109-1116.

SUDHOFF, HEINRICH/SUDHOFF, MARTIN (1994): Rechte und Pflichten des Geschäftsführers einer GmbH und einer GmbH & Co., 14., überarb. Aufl., Köln 1994.

SÜß, REMBERT (2005): Muß die Limited sich vor Gründung einer Ltd. & Co. KG in das deutsche Handelsregister eintragen lassen?, in: GmbHR, 96. Jg., Nr. 11/2005, S. 673-674.

THELEN, KATHLEEN/TURNER, LOWELL (1999): Die deutsche Mitbestimmung im internationalen Vergleich, in: Sreeck, Wolfgang/Kluge, Norbert (Hrsg.): Mitbestimmung in Deutschland – Tradition und Effizienz, Frankfurt am Main/New York 1999.

THOMMEN, JEAN-PAUL/ACHLEITNER, ANN-KRISTIN (2001): Allgemeine Betriebswirtschaftslehre – Umfassende Einführung aus managementorientierter Sicht, 3. vollständig überarb. und erw. Aufl., Wiesbaden 2001.

TÖPFER, ARMIN (2004): Betriebswirtschaftslehre – anwendungs- und prozessorientierte Grundlagen, Berlin/Heidelberg/New York 2004.

TRIEBEL, VOLKER (2003): Nach Überseering (und demnächst Inspire Art): Verdrängen die englischen Ltd. und PLC die deutsche GmbH und AG?, in: BB, 58. Jg., Nr. 36/2003, S. I.

TRIEBEL, VOLKER (2004): Warum englische Ltd. oder PLC statt deutscher GmbH oder AG?, Düsseldorf 2004.

TRIEBEL, VOLKER (2005): Unterstützung der Unternehmen auf der Suche nach der geeigneten Rechtsform, in: BB, 60. Jg., Nr. 01/2005, Beilage 11/2005, S. 0.

TRIEBEL, VOLKER/OTTE, SABINE/KIMPEL, BERT (2005): Die englische Limited Liability Partnership in Deutschland: Eine attraktive Rechtsform für deutsche Beratungsgesellschaften?, in: BB, 60. Jg., Nr. 23/2005, S. 1233-1241.

TRUNK, ALEXANDER (1998): Internationales Insolvenzrecht – Systematische Darstellung des deutschen Rechts mit rechtsvergleichenden Bezügen, Tübingen 1998.

ULMER, PETER (2004): Gläubigerschutz bei Scheinauslandsgesellschaften, in: NJW, 57. Jg., S. 1201-1220.

UNGAN, PHILIPP (2005): Gläubigerschutz nach dem EuGH-Urteil in »Inspire Art« - Möglichkeiten einer Sonderanknüpfung für die Durchgriffshaftung in der Insolvenz?, in: ZVglRWiss, 104. Jg., Nr. 03/2005, S. 355-375.

VEIT, MARTIN/WICHERT, JOACHIM (2004): Unternehmerische Mitbestimmung bei europäischen Kapitalgesellschaften mit Verwaltungssitz in Deutschland nach „Überseering" und „Inspire Art", in: AG, 49. Jg., Nr. 01/2004, S. 14-20.

VELTINS, MICHAEL (2001): Gesellschafts- und Vertragsrecht, in: Blum, Ulrich/ Leibbrand, Frank (Hrsg.): Entrepreneurship und Unternehmertum – Denkstrukturen für eine neue Zeit, Wiesbaden 2001, S. 459-526.

VOLK, GERRIT (2005): 25 Fragen und Antworten zum Insolvenzrecht, in: SteuerStud, 26. Jg., Nr. 04/2005, S. 206-213.

VON BERNSTORFF, CHRISTOPH (2004): Das Betreiben einer englischen Limited in Deutschland, in: RIW, 50. Jg., Nr. 07/2004, S. 498-502.

VOSSIUS, OLIVER (2005): Zum Entwurf eines ganzheitlichen GmbH-Reformgesetzes aus der Praxis, in. GmbHR, 96. Jg., Nr. 21/2005, S. R373-R374.

WACHTER THOMAS, (2004a): Auswirkungen des EuGH-Urteils in Sachen Inspire Art Ltd. auf Beratungspraxis und Gesetzgebung Deutsche GmbH vs. englische private limited company, in: GmbHR, 95. Jg., Nr. 02/2004, S. 88-105.

WACHTER, THOMAS (2003): Errichtung, Publizität und Insolvenz von Zweigniederlassungen ausländischer Kapitalgesellschaften nach „Inspire Art", in: GmbHR, 94. Jg., Nr. 21/2003, S. 1254-1257.

WACHTER, THOMAS (2004b): Existenz- und Vertretungsnachweis bei der englischen Private Limited Company, in: DB, 57. Jg., Nr. 52-53/2004, S. 2795-2803.

WACHTER, THOMAS (2004c): Handelsregisteranmeldung der inländischen Zweigniederlassung einer englischen Private Limited Company, in: MDR, 58. Jg., Nr. 11/2004, S. 611-619.

WACHTER, THOMAS (2005a): Wettbewerb des GmbH-Rechts in Europa, in: GmbHR, 96. Jg., Nr. 12/2005, S. 717-730.

WACHTER, THOMAS (2005b): Internationale Erbfälle und Anteile an Gesellschaften mit beschränkter Haftung, in: GmbHR, 96. Jg., Nr. 07/2005, S. 407-424.

WACHTER, THOMAS (2005c): Gewerblich geprägte GmbH & Co. KG bei Beteiligung von Auslandsgesellschaften, in: GmbHR, 96. Jg., Nr. 18/2005, S. 1181-1185.

WACHTER, THOMAS (2006): Aktuelle Probleme bei der Ltd. & Co. KG, in: GmbHR, 97. Jg., Nr. 02/2006, S. 79-85.

WÄLZHOLZ, ECKARD (2005): Vor- und Nachteile der britischen private company limited by shares (Ltd.) in der Rechtspraxis, in: IWB, Nr. 22/2005, Gruppe 2, S. 423-430.

WENDT, SUSANNE (2004): Die Kontrolle der Geschäftsführung in Personen- und Kapitalgesellschaften in Deutschland, Frankreich und England – Eine rechtsvergleichende Untersuchung zur Ermittlung gemeinsamer Prinzipien des Gesellschaftsrechts, Diss., Frankfurt am Main et al. 2004.

WERNER, RÜDIGER (2005): Die Ltd. & Co. KG – eine Alternative zur GmbH & Co. KG?, in: GmbHR, 96. Jg., Nr. 05/2005, S. 288-294.

WESTHOFF, ANDRÉ O. (2005): Rechnungslegung bei ausländischen Kapitalgesellschaften mit Sitz im Inland, in: Hirte, Heribert/Bücker, Thomas (Hrsg.): Grenzüberschreitende Gesellschaften – Praxishandbuch für ausländische Kapitalgesellschaften mit Sitz im Inland, Köln/Berlin/München 2005, S. 493-523.

WIEDEMANN, HERBERT (1988): Gesellschaftsrecht, 5., neubearb. Aufl., München 1988.

WINDBICHLER, CHRISTINE/BACHMANN, GEORG (2000): Corporate Governance und Mitbestimmung als „wirtschaftsrechtlicher ordre public", in: Westermann, Harm Peter/Mock, Klaus (Hrsg.): Festschrift für Gerold Bezzenberger zum 70. Geburtstag am 13. März 2000, Berlin/New York 2000, S. 799-805.

WITT, CARL-HEINZ (2000): Das Informationsrecht des Aktionärs und seine Durchsetzung in den USA, Großbritannien und Frankreich – Funktionale Gesamtbetrachtung im Vergleich zum deutschen Recht, in: AG, 45. Jg., Nr. 06/2000, S. 257-267.

WÖHE, GUNTHER/DÖRNIG, ULRICH (2005): Einführung in die allgemeine Betriebswirtschaftslehre, 22., neu bearb. Aufl., München 2005.

ZIMMER, DANIEL (1996): Internationales Gesellschaftsrecht – Das Kollisionsrecht der Gesellschaften und sein Verhältnis zum Internationalen

Kapitalmarktrecht und zum Internationalen Unternehmensrecht, Habil.-Schr.,Heidelberg 1996.

ZIMMER, DANIEL (2000): Mysterium »Centros« – von der schwierigen Suche nach der Bedeutung eines Urteils des Europäischen Gerichtshofes, in: ZHR, 164. Jg., Nr. 01/2000, S. 23-42.

ZIMMER, DANIEL (2003): Nach „Inspire Art": Grenzenlose Gestaltungsfreiheit für deutsche Unternehmen?, in: NJW, 56. Jg., Nr. 50/2003, S. 3585-3592.

ZÖLLNER, WOLFGANG (2006): Konkurrenz für inländische Kapitalgesellschaften durch ausländische Rechtsträger, insbesondere durch die englische Private Limited Company, in: GmbHR, 97. Jg., Nr. 01/2006, S. 1-12.

7 RECHTSPRECHUNGSVERZEICHNIS

EuGH

EuGH v. 09.03.1999 – Rs: C-212/97, in: BB, 54. Jg., Nr. 16/1999, S. 809-811.

EuGH v. 05.11.2002 – Rs. C-208/00, in: GmbHR, 93. Jg., Nr. 22/2002, S. 1137-1145.

EuGH v. 30.09.2003 – Rs. C-167/01, in: GmbHR, 94. Jg., Nr. 21/2003, S. 1260-1273.

EuGH v. 13.12.2005 – Rs. C-411/03, in: AG, 51. Jg., Nr. 03/2006, S. 80-82.

BGH

BGH v. 21.03.1986 Az. V ZR 10/85, in: MDR, 40. Jg., Nr. 09/1986, S. 743.

BGH v. 13.03.2003 – Az. VII, ZR 370/98, in: GmbHR, 94. Jg., Nr. 09/2003, S. 527-530.

Sonstige Urteile

BFH v. 16.12.1998 – Az. I R 138/97, in: BB, 53. Jg., Nr. 27/1999, S. 1416-1417.

OFD Hannover v. 15.04.2005 – Az. S 2700 – 2 – StO 241, in: FR, 61. Jg., Nr., 04/2006, S. 193-196.

LG Bielefeld v. 11.08.2005 – Az. 24 T 19/05, in: GmbHR, 97. Jg., Nr. 02/2006, S. 89-91.

AmtsG Bad Oeynhausen v. 15.03.02 – Az. 16 AR 15/05, in: GmbHR, 96. Jg., Nr. 11/2005, S. 692-694.

BMF-Schreiben

BMF, Schr. v. 24.12.1999, IV – S 1300 – 111/99, BStBl. I 1999, S. 1114.